나쓰메 소세키의 하이쿠

## 나쓰메 소세키의 하이쿠

**초판 발행** 2025년 11월 12일
**지은이** 오석륜
**펴낸이** 김선기
**펴낸곳** (주)푸른길
**출판등록** 1996년 4월 12일 제16-1292호
**주소** (08377) 서울시 구로구 디지털로 33길 48 대륭포스트타워 7차 1008호
**전화** 02-523-2907, 6942-9570~2
**팩스** 02-523-2951
**이메일** purungilbook@naver.com
**홈페이지** www.purungil.com
**ISBN** 979-11-7267-063-4 03830

ⓒ 오석륜, 2025

*이 책은 (주)푸른길과 저작권자와의 계약에 따라 보호받는 저작물이므로 본사의 서면 허락 없이는 어떠한 형태나 수단으로도 이 책의 내용을 이용하지 못합니다.

夏目漱石の俳句

# 나쓰메 소세키의 하이쿠

오석륜 지음

푸른길

**나태주 시인의 추천사**

# 하이쿠를 읽고 나서 나의 시가 달라졌다

　나의 시는 동양 삼국의 시가(詩歌) 형식에 많은 빚을 졌다. 우리나라의 시조와 중국의 한시와 일본의 하이쿠. 중학생 때 시조를 외우기 시작했고, 문학청년 시절 한시를 읽었다. 그리고 1971년 시인으로 등단한 뒤 10년 정도 지나 시가 잘 안 써질 무렵 하이쿠를 읽었다. 박순만 선생이 번역한 『일본인의 시정』이란 책. 그 책을 읽고 나서 나의 시가 달라졌다. 자꾸만 길어지고 요설이 많아지려고 할 때 하이쿠는 나에게 시의 좋은 길 안내자가 되어주었다. 한방에서 일침이구삼약(一針二灸三藥)이라는 말을 쓰는데 시가 '일침'이 되어야 한다는 생각을 더욱 강하게 갖도록 해주었다.

　나의 후기 시에는 하이쿠의 영향을 받아 쓴 시가 많다. 독자들이 좋아하는 「풀꽃」 시도 그 가운데 한 편이라 할 수 있겠다. 일본의 문화, 우리가 아는 대로 멀고서도 가까운 문화이다. 시문학도 그렇다. 마땅히 배우고 익혀 그들보다 앞서야 할 일이다. 일본의 문화를 외면하거나 무시하려고만 하지 말고 일단은 알려고 하고 배우려고 해서 그들을 뛰어넘는 우리의 경지를 열어야 한다고 생각한다. 그러함에 있어 하이쿠 공부도 마찬가지다.

하이쿠 공부를 열심히 해서 우리도 우리 말맛에 맞는 시 형식을 개발해야 하고 발전시켜야 할 일이다. 이번에 푸른길 출판사 편집부로부터 근현대 일본 문학의 영웅 나쓰메 소세키의 하이쿠 시집 원고를 받아 읽었다. 한마디로 놀라웠다. 나는 소세키를 일본의 소설가로만 알았는데 그가 이렇게 많은 하이쿠를 쓴 시인이라니! 소설가이기에 앞서 시인이었다니! 일단은 나의 무지를 한탄해본다.

한 편 한 편 천천히 음미하면서 읽어보아야 할 일이다. 그러면서 나의 시를 다시금 가다듬고 우리의 말맛을 다시금 날렵하게 바꾸도록 노력해야 할 일이다. 좋은 공부거리를 주신 출판사와 번역자에게 감사드린다. 일단은 읽어보고 비판할 일이고, 그런 다음 우리의 것을 새롭게 좋은 쪽으로 일으켜 세워야 할 일이다. 일본은 적도 아니고 친구도 아니고 다만 이웃일 뿐이다. 일본의 문학 역시 무시하거나 맹목의 대상이 아니고 동행하면서 능가할 외국 문학의 하나일 뿐이다.

나태주

**책을 펴내며**

# 한국에서는 처음으로 '나쓰메 소세키의 하이쿠'를 출간하며

### 1

우선, 나는 지금까지 한국에 제대로 된 '나쓰메 소세키(夏目漱石, 1867-1916)의 하이쿠'와 관련한 책이 출간되지 않았다는 사실에 주목하였다. 한국이나 일본을 비롯해, 세계의 문학 애호가들이 소세키를 소설가로 알고 있는 것에서 탈피하여, 그의 문학적 출발이 하이쿠 시인이었다는 사실, 더하여 그가 생전에 거의 2,600수에 달하는 하이쿠를 남길 만큼 다작의 시인이었다는 것, 그런 의미 있는 사실들을 한국에 알리고 싶었다. 또한, 소세키의 하이쿠를 통해, 세상에서 가장 짧은 시 17자에 담긴 인간의 삶과 자연의 법칙, 우주의 질서를 살피고 싶었다. 인간과 자연과 우주를 어떻게 조화롭게 빚어내는지 들여다보고 싶었다. 이러한 몇 가지가 지금 '나쓰메 소세키의 하이쿠'를 출간하는 이유다.

따라서 이 책은 소세키의 하이쿠가 우리 독자들에게 커다란 울림으로 작용할 수 있다는 기대와 바람이 있다. 아울러, 한국의 시와 시조가 향후 하이쿠처럼 일반 독자들에게 더 사랑받을 수 있는 길을 모색하는 데 도움이 됐으면 하는 마음도 간절하다.

### 2

그동안 나는 한국 문학을 창작하는 시인으로, 수필가로, 또한 일본 문학을 전공한 학자(세부 전공은 일본 근현대시)로, 일본 문화와 문학을 번역·출간한 번역가로, 그 이력을 다지는 데 힘써 왔다. 번역은 쉽지 않은 일이다. 아무도 해놓지 않은 것을 한다는 것, 그것은 새로운 길을 찾아야 하는 개척자의 심정과 다르지 않다. 그렇게 나는 오랜 시간 소세키의 하이쿠에 담긴 뜻을 헤아리고 헤아리며 번역에 매달렸다. 말하자면, 이 책에서 다루고 있는 하이쿠 133편은 숙고의 과정을 거친 노력의 산물인 셈이다.

출판을 위한 여정에서 당연히 많은 공부를 해야만 했다. 한 편의 하이쿠를 제대로 이해하고 해설을 붙이는 데 며칠을 고민한 작품도 있었다. 또 다른 전문가에게 확인을 거친 것도 있었다. 번역된 하이쿠를 한국인이 얼마나 유효하게 또 감동적으로 읽어낼까를 걱정하며, 인용한 하이쿠를 쉽게 이해하도록 각 작품의 해설에 적잖은 공을 들인 것도 그 때문이다. 시인으로서의 내 감상과 평을 붙여 한국인이 쉽게 또 의미 있게 다가서도록 노력했다. 그런 과정에서 일본 역사와 고전, 중국 고사성어 등이 재미있게 내 몸속으로 흡수되었다. 힘들었지만 건강한 지식의 살이 붙었으니 참으로 고마운 일이다. 덕분에 사상 최고의 더위와 폭우로 기록된 올여름을 잘 이겨낼 수 있었다.

3

이 책은 편의상 4부로 나누어 한국인 독자에게 소개한다. 소세키의 하이쿠 작품 수, 창작에 대한 열정, 소세키의 친구이며 하이쿠의 스승인 마사오카 시키로부터의 영향, 영국 유학 등을 고려해서 마사오카 시키가 사망한 1902년(메이지 35년)을 기준으로, 1902년 이전의 하이쿠는 1부, 2부, 3부로, 1902년 이후의 하이쿠는 4부로 배치해 펼쳐놓았다. 1902년을 기준으로 그 이전까지는 상대적으로 작품 수가 압도적으로 많고, 1902년 이후는 작품 수가 현저히 줄어들었기 때문이다. 그리고 이 책이 기존에 한국에 소개된 여러 하이쿠 관련 책과의 차별성은 계절별 분류에서 탈피하였다는 점이다.

또 눈여겨볼 시기는 1905년(메이지 38년) 무렵. 이 해는 잡지《호토토기스(ホトトギス)》에『나는 고양이로소이다(吾輩は猫である)』를 연재하며 소세키가 본격적으로 소설가로서의 활동을 시작했던 때다. 즉, 1902년은 시키의 죽음을 전환점으로 시인으로서의 왕성했던 하이쿠 창작의 감소가 뚜렷해졌고, 1905년은 소설가로 시작되었던 시기와 맞물린다.

물론, 이러한 분류는 한국인인 필자가 정한 것이지, 일본 문학사에 통용되는 사실은 아니다. 따라서 1부, 2부, 3부에서는 소설가 이전 하이쿠 시인으로서의 소세키 작품을 좀 더 깊이 들여다볼 수 있다. 4부에서는 소설가로서의 삶이 펼쳐지는 시기에 창작된 하이쿠를 통해 그의 하이쿠와 소설과의 상관관계도 살핀다면 유익한 호기심으로 이어지리라 믿는다.

### 4

나는 하이쿠 번역과정에서 가능한 한 우리말 번역도 무리하게 17자에 맞추려고 하지는 않았다. 17자에 얽매이다 보면, 하이쿠에 담긴 유추와 상징과 여운, 계절어 등을 제대로 살려내기가 쉽지 않기 때문이다. 또한, 일본어는 한국어와 비교하면 받침이 적다는 것도 고려해야 한다. 예를 들어, 한국어로 '학생'은 두 음절이지만, 일본어는 '學生(がくせい, ga-ku-se-i)'로 네 음절이 된다. 하이쿠도 반드시 한국어로 17자로 번역해내야 한다는 것은 맞지 않은 사고일 수 있다. 그래서 이 책에 실은 하이쿠에는 우리말로서의 매력에 중점을 두고 번역해야 한다는 생각이 작동하였음을 밝혀둔다. 그리고 우리말 번역 아래에는 하이쿠 원문을 싣고, 그 아래에는 일본어로 읽는 방법도 표시해두었다. 좀 더 이해하기 쉽게 5-7-5로 나누어 표시했는데, 이는 일본어로 낭송하고 싶어 하는 독자를 배려하는 마음에서 비롯되었다.

마지막으로 나쓰메 소세키의 하이쿠를 한국에 소개하겠다는 필자의 취지를 충분히 이해해주시고 기꺼이 출판을 허락해주신 푸른길의 김선기 대표님을 비롯해, 이선주 팀장님과 푸른길 식구 여러분께도 심심한 감사의 말씀을 드린다.

2025년 8월,
매미 소리가 몰려와 여름 내내 하이쿠를 읊어대던
초안산 기슭의 연구실에서
오석륜

# 차례

나태주 시인의 추천사   4
책을 펴내며   6

〈1부〉

두들겨 맞고   18
맛있는 감이여   20
그대 돌아오지 못했네   22
생각이 나네   23
겹겹이 달린   24
투덜투덜   25
편안하게   26
떨어져 내려   27
제비꽃만큼   28
떨어질 때   29
으스름달밤   30
활 시위소리에   31
마른 들판에   32
사람으로 죽고   33
말의 파리에   34
참새가 와서   35
한산(寒山)인가   36
고린(光琳)이 그린   37
방적공장의   38
화창한 봄날   39

예나 지금이나   40
가을바람이   41
명자나무꽃   42
근심이 있냐고   44
저는   46
별 하나 보여   47
긴 봄날이여   48
가게 점원은   49
선생님이여   50
볕 잘 드는 곳   51
남쪽 창문에   52


〈2부〉

차가운 바람   56
내리는 눈아   57
나팔꽃이여   58
하늘이 좁은   59
달마기(達磨忌)구나   60
사마귀여   61
둥근 달에게   62
동풍이 분다   63
울지도 않고   64
추운 봄날에   66
돌아가고 싶다고   68

돌아가려 해도　70
신록을 헤쳐　71
굳세고 고집스러운　72
죽음을 숨기고　74
뜸직하게　75
기라(吉良) 님은　76
더웠으리라　78
울고 싶으면　79
유채꽃밭　80
여름옷 갈아입고　81
구다부쓰(愚陀仏)는　82
사이교(西行)도　83
장작불이여　84
처음으로　85
봄바람 부네　86
길기만 할 뿐　87
신관(神官)의 아이　88
단아하게　90
가는 해여　91


〈3부〉

가을의 파리　94
흔들어 움직이며　95
얼떨결에　96
둥근 달 떴네　97
그대는　98
일을 하러 온　99
일하러 온 하녀가　100

오늘부터는　101
매화 핀 숙소　102
꽃무릇 보니　103
설날 까마귀　104
무리 짓다가　105
아픈 사람이　106
병 낫지 않고　108
가을 더위여　109
동서남북　110
동풍이 부네　111
화학이란　112
소라이(徂来) 기카쿠(其角)　113
사랑을 잊고　114
가을 강에서　115
절에 하숙하며　116
무성한 초원　117
시원함이여　118
골 깊은 곳에　119
나는 때때로　120
촛불을 끄니　121
겨울나기에　122
둥근 달 떴네　123
짙은 빛으로　124
아지랑이가　125


〈4부〉

두견새여　128
가을바람아　129

나팔꽃이여   130
있는 대로   131
봄날의 강을   132
바람에 물어라   134
불을 끄니   136
이별이구나   137
병도   138
무인도에서   139
입추로구나   140
죄도 기뻐라   141
해골을   142
하쿠보탄주(白牡丹酒)   144
문득 흔들리는   145
가을바람이   146
안개가 뿌연   148
가을 강에   149
어깨에 앉네   150
싸늘한 맥을   151
목련꽃뿐인   152
꽃 그림자   154
꽃 그림자   155
봄밤의 별이   156
무위무관(無位無冠)의   157
내 그림자   158
나팔꽃   159
국화 한 송이   160
표주박 바가지   161
하늘로 사라지는   162
아침 추위여   163

가을 하늘은   164
쇠약해진 몸   165
살아서 우러러보는   166
양복이어라   167
혼자 있구나   168
만두에   169
장엄하게   170
물통 바닥을   171
여자아이가   172
봄날의 밤에   173


부록

1. 하이쿠란 무엇인가 그 정의와 역사   176
2. 나쓰메 소세키에 대하여   181
3. 나쓰메 소세키의 하이쿠를 이해하는 몇 가지 키워드   187


참고문헌   203

# 1부

두들겨 맞고
낮 모기 토해내는
목탁이로세

叩かれて昼の蚊を吐く木魚哉
(たたかれて ひるのかをはく もくぎょかな)


  스님이 독경을 위해 목탁을 두드리는 순간, 목탁에 숨어 있던 모기가 목탁의 입에서 튀어나와 도망을 간다니. 아무나 쉽게 흉내 내기 어렵다. 스물여덟 살 젊은 시인 소세키는 여름에 만난 목탁에서 모기를 쫓아내는 방식을 찾고 있었다. 목탁은 불공을 할 때나 사람들을 모이게 할 때 두드려 소리를 내는 기구지만, 한편으로는 세상 사람을 깨우쳐 바르게 인도할 때도 쓰는 상징성도 있다. 소세키는 스님이 목탁을 치면 목탁 속에 숨어 있던 모기가 도망갈 것을 상상했다. 그것은 곧 목탁을 통한 번뇌로부터의 탈출이 아닐까. 이 짧은 하이쿠에 목탁과 모기를 배치한 것은 소세키의 시인으로서의 재능이다. 필자는 이 명구를 조금의 망설임도 없이 소세키를 매력적인 하이쿠 시인으로 만들어준 대표작의 하나로 거론하고 싶다. 골계(滑稽)다. 일본에서 설명하는 골계는 유머가 있고, 많은 웃음을 주고, 타인에게 웃음을 유발하도록 익살맞을 행동을 하는 것을 가리킨다. 거기에 정확히 부합한다. 이처럼 소세키의 하이쿠는 골계미가 돋보인다. 유머가 녹아있다. 이 작품 뿐 아니라, 소세키의 소설에도 하이쿠에도 익살이 넘치는 문장을 자주 접할 수 있다. 골계, 그것은 소세키 하이쿠의 중요한 특징의 하나다. 계절어는 모기(여름).

맛있는 감이여
떫었던 그 옛날을
잊지 말아라

樽柿の渋き昔しを忘るるな
(たるがきの しぶきむかしを わするるな)

하이쿠의 매력이 유감없이 발휘되고 있다. 이 작품은 하이쿠 애호가뿐 아니라 많은 사람에게 사랑받고 있다. 감에게도 떫었던 시절이 있었으니 그것을 잊지 말라는 뜻이다. 떫은 감의 맛을 통해, 옛날의 고생이나 경험을 잊어서는 안 된다는 교훈을 담아내고 있다. 동시에, 과거의 경험을 바탕으로 보다 나은 미래로 나아가자는 생각도 전해진다. 이 구를 읽으며, 필자는 한국의 안도현(1961- ) 시인의 "연탄재 함부로 발로 차지 마라/ 너는/ 누군가에게 한 번이라도 뜨거운 사람이었느냐"라고 일갈한 「너에게 묻는다」라는 시가 떠올랐다. 연탄재도 지금은 쓸모없는 것이지만, 옛날에는 누군가를 위해 활활 타올랐던 존재였다. 그걸 잊어서는 안 된다는 교훈을 주는 명시다. 그런 점에서 소세키의 이 구와 안도현의 시는 서로 소통하고 있다는 생각이 든다. 참고로, 원문의 "준시(樽柿, 일본어는 '다루가키')"는 떫은 감을 나무 술통에 넣고, 그 통에 남은 알코올로 떫은 기를 뺀 감을 말한다. 여기에 해당하는 적당한 우리말을 찾을 길이 없어 "맛있는 감"이라고 번역했다. 이 구는 1897년(메이지 30년)에 쓰인 미발표작이었으나, 2014년에 발견되어 세상에 알려지게 되었다. 계절어는 맛있는 감(가을).

그대 돌아오지 못했네
어디에 핀 벚꽃을
보러 갔길래

하이쿠_003

君帰らず何処の花を見にいたか
(きみかえらず いずこのはなを みにいたか)

 

이 작품은 동일본 대지진(2011) 추도사로 낭독되어 유명해졌다. 일본에서 많은 추도식에서 낭독되어 일본인에게는 낯설지 않을 듯. 원래는 〈가이난신문(海南新聞)〉 1896년(메이지 29년) 4월 9일 자에, '고하쿠도 1주기 추도구(湖白堂―週忌追悼句)'라는 제목으로 실린 것이다. 고하쿠도(湖白堂)는 하이쿠 시인·극작가·소설가였던 후지노 고하쿠(藤野古白, 1871-1895)를 가리킨다. 고하쿠도는 그의 별호(別號)다. 소세키는 벚꽃이 피는 계절에 젊음을 뒤로 하고 자살을 택한 그에게 슬픈 목소리로, "그대 돌아오지 못했네/ 어디에 핀 벚꽃을/ 보러 갔길래"라고 추도한다. 고하쿠와 마사오카 시키는 사촌지간이었다. 시키는 소세키의 친구이며 하이쿠 스승이었기에 소세키와도 인연이 되었을 것으로 생각된다. 후에 시키는 자신이 가장 친애했던 그를 기리며 『고하쿠 유고(古白遺稿)』(1897)를 간행했다. 계절어는 벚꽃(봄).

생각이 나네
고하쿠(古白)라고 하는
봄날의 사람

思ひ出すは古白と申す春のひと
(おもいだすは こはくともうす はるのひと)




   앞의 구와 마찬가지로 후지노 고하쿠를 애도하는 추모의 작품이다. 봄날과 고하쿠, 자연과 사람은 이 시가 품고 있는 온도다. 계절어는 봄날의 사람(봄).

겹겹이 달린
덕은 외롭지 않은
귤나무로세

하이쿠_005

累々と德孤ならずの蜜柑哉
(るいるいと とくこならずの みかんかな)


소세키의 발상에 놀라지 않을 수 없다. 덕은 귤나무처럼 많은 열매를 맺는다는 것을 하이쿠 풍으로 살린 것으로, 왜 사람들이 소세키의 하이쿠를 사랑하는지 보여주는 대표적인 작품으로 거론할 만하다. 『논어』의 한 구절인 "덕이 있으면 따르는 사람이 있으므로 외롭지 않다(덕불고필유린, 德不孤必有隣)"를 겹겹이 달린 귤나무에 비유했다. 한자어와 한시를 나란히 나열한 것 또한 소세키 특유의 아주 독자적인 표현 방식이다. 계절어는 귤나무(가을).

투덜투덜  
커다란 우렁이의  
불평이구나

하이쿠_006

ぶつぶつと大なる田螺の不平哉
(ぶつぶつと おおいなるたにしの ふへいかな)


   소세키의 유머 감각은 사람을 떠나 생물이나 동물에게도 미치고 있다. 이 작품 역시 재미있다. 커다란 우렁이가 물속에서 작은 거품을 계속 내뿜고 있는 그 모습을 마치 무언가 불평이나 불만을 표하는 것처럼 묘사하고 있기 때문이다. 훌륭한 시인의 자질은 그렇게 발휘되고 있다. 소세키의 유머 감각은 그의 작품 여기저기에서 볼 수 있다. 계절어는 우렁이(봄).

편안하게
해삼 같은 아기를
낳았노라

安々と海鼠の如き子を生めり
(やすやすと なまこのごとき こをうめり)

하이쿠_007

　우선, 아기를 "해삼 같다"고 묘사한 것은 비약이다. 그러나 무척이나 재미있다. 여기에 이 작품의 매력이 있다. 작품 속 숨은 이야기가 있다. 일찍이 유산을 경험했던 부인의 몸 상태를 고려하면, 소세키에게는 그녀가 편안하게 아기를 낳았다고 자위하고 싶었을 것이다. 해삼은 하이쿠에서는 겨울을 나타내는 말인데, 장녀 후데코(筆子)가 태어난 5월에 이 구를 지었다. 왜 그럴까. 이처럼 소세키의 하이쿠에는 계절에 구애받지 않고 쓴 작품이 꽤 있다는 것도 알고 감상하면 좋을 듯. 여담이지만, 부인이 글씨를 예쁘게 잘 쓰지 못해서 딸의 이름에 붓 '필(筆)'자를 넣어 지었다고 하는 얘기도 이 구를 재미있게 한다. 계절어는 해삼(겨울).

떨어져 내려
이슬이 된다 하네
은하수

落ちて来て露になるげな天の川
(おちてきて つゆになるげな あまのかわ)

　은하수가 떨어져 내려 이슬이 된다는 동화적 발상에서 비롯된 이 구도 소세키의 유머가 빛나고 있다. 그를 왜 뛰어난 시인이라고 해야 하는지 설명해주는 작품의 하나다. 계절어는 이슬(가을).

제비꽃만큼     하이쿠_009
작은 사람으로
태어났으면

菫程な小さき人に生れたし
(すみれほどな ちいさきひとに うまれたし)




 역시, 소세키의 걸작으로 평가받는 작품의 하나다. "제비꽃만큼/ 작은 사람으로"라는 표현은 기발하다. 보통의 사람은 물론이고, 전문적인 하이쿠 시인도 떠올리기 쉽지 않은 발상이리라. 제비꽃이 목을 갸웃하는 듯한 그 가련한 모습을 떠올려보라. 그것이 사람의 마음을 끌지도 모른다. 이 구를 지었을 당시 소세키는 인간 사회를 복잡하게 뒤얽힌 것이라 느끼고 있었다. 만년의 그의 작품 세계를 알고 있는 우리로서는 그의 마음에 깊이 뿌리내린 인간 불신의 슬픔이 느껴진다. 그래서 주변 환경에 아랑곳하지 않고 건강하게 피어나는 제비꽃의 모습, 그것은 '큰 인물'이 아니라, 오히려 '작은 인물'로 태어나고 싶다는 소세키의 심정이 아닐까. 물론, 최선을 다해 살아가겠다는 바람도 전해져 온다. 계절어는 봄(제비꽃).

떨어질 때  
등에를 쓰러뜨린  
동백꽃인가

하이쿠_010

落ちざまに虻を伏せたる椿かな  
(おちざまに あぶをふせたる つばきかな)

 

이 구는 떨어지는 동백꽃과 등에에 대해 많은 문인과 대중에게 이런저런 사고를 유발한 작품이다. 그 시적 여운은 지금도 계속되고 있다. 작품을 자세히 들여다보자. 동백꽃이 떨어진 순간, 지상에 있던 등에를 쓰러뜨렸다. 실제로 쓰러뜨렸을까. 아니면 쓰러뜨렸다고 본 것일까. 눈앞에서 벌어진 보기 드문 그 순간을 포착했다. 이 작품에 대해서는 여러 가지 물리적·현상적 의문이 있다. 우선 첫째로, 동백꽃이 낙화하면서 멈춰 있던 등에를 쓰러뜨렸다고 봐야 할까. 둘째로, 공중을 날고 있던 등에가 떨어져 내려온 동백꽃에 우연히 쓰러졌다고 봐야 할까. 셋째로, 동백의 낙화는 지면에 고개를 숙이면서 떨어졌을까. 아니면 그렇지 않았을까. 넷째로, 현실에서는 그런 일이 일어날 수 있을까 등 여러 의문이 시적 여운을 남긴다. 계절어는 동백꽃(봄).

으스름달밤
얼굴에 맞지 않는
사랑도 있겠지

朧夜や顔に似合ぬ恋もあらん
(おぼろよや かおににあわぬ こいもあらん)


역시 소세키 특유의 유머가 돋보인다. 따뜻한 바람이 부는 봄날의 으스름달밤을 떠올려보자. 그런 공간에서는 남녀가 만나면 분명 자신의 얼굴에 맞지 않고 어울리지 않는 사랑을 할 수도 있다. 어두우니까 서로의 얼굴이 잘 안 보이면 그럴 수도 있겠다는 다소 자유로운 정조가 유머와 결합하여 읽는 이에게 웃음을 번지게 한다. 계절어는 으스름달밤(봄).

활 시위소리에
툭, 하고 떨어지는
동백꽃인가

弦音にほたりと落る椿かな
(つるおとに ほたりとおちる つばきかな)

 화살을 활시위에 메길 때였을까. 화살을 과녁으로 쏠 때였을까. 바로 그 순간 툭, 하고 동백꽃이 떨어진다. 그 순간과 공기를 툭이라는 의성어를 넣어 간결하게 포착한 빼어난 작품이다. 소세키는 다양한 취미의 소유자였다. 궁도도 그 하나. 대학원 재학 중에 친구의 권유로 시작했다고 한다. 계절어는 동백꽃(봄).

마른 들판에
기차로 둔갑을 한
너구리 있다

하이쿠_013

**枯野原汽車に化けたる狸あり**
(かれのはら きしゃにばけたる たぬきあり)

   현실을 벗어난 공상의 세계에 노니는 소세키 작품의 특징을 잘 나타내는 하이쿠로 알려져 있다. 마른 벌판을 달려가는 기차를 "기차로 둔갑을 한 너구리"라고 한 소세키의 상상은 매력적이고 재미있다. 실제 풍경에 상상을 입힌 시적 정취가 깊이를 더해주고 있다. 계절어는 마른 벌판(겨울).

사람으로 죽고
학으로 환생하니
매섭게 춥네

하이쿠_014

人に死し鶴に生れて冴返る
(ひとにしし つるにうまれて さえかえる)

　소세키의 하이쿠에서 자주 인용되는 작품의 하나다. 사람들의 입에도 자주 오르내린다. 학은 고결한 선비를 떠올리게 한다. 그러한 모습을 동경하고, 다음 생애에는 학으로 태어나고 싶다는 바람을 담아냈다. 시에 나타난 학은 눈앞에 보이는 학이 아니다. 상상 속의 아름다움을 상징한다. 소세키는 하얀 눈 위를 날아가거나 혹은 서 있는 학의 아름다움을 "매섭게 춥네"라는 계절어로 받아내고 있다. 이 무렵, 소세키는 아내인 교코가 첫째 아이를 유산해서 육체적으로 정신적으로 불안정했던 때. 이 시에는 그 유산한 아이에 대한 소세키의 생각이 담긴 듯하다. 아내의 슬픔을 "매섭게 춥네"로 드러내고 싶은 마음도 있었지 않았을까. 계절어는 매섭게 춥네(봄).

말의 파리에
소의 파리가 오는
여관이로세

하이쿠_015

**馬の蠅牛の蠅来る宿屋かな**
(うまのはえ うしのはえくる やどやかな)

소세키의 생각이 재미있고 익살스럽다. 여관에 말이 쉬고 있는데 거기에 소까지 왔다는 것을 말에 붙은 파리에 소에 붙은 파리까지 온다고 표현했다. 이런 풍경은 옛날 일본의 시골에서 흔히 볼 수 있었다고 한다. 계절어는 파리(여름).

참새가 와서
장지문에 움직이는
벚꽃 그림자

하이쿠_016

雀來て障子にうごく花の影
(すずめきて しょうじにうごく はなのかげ)


장지문에 벚꽃 가지의 그림자가 비치고 있는 풍경을 방에서 보고 있으면 어떨까. 그리고 그 가지에 참새가 멈추기도 하고 날아오르기도 한다. 그것은 곧 가지가 움직인다는 뜻이다. 소세키는 그 순간을 놓치지 않았다. 한 폭의 그림처럼 펼쳐 보인 것이다. 그의 문학적 재능은 거기에서 빛을 발하고 있다. 계절어는 벚꽃(봄).

하이쿠_017

한산(寒山)인가
습득(拾得)인가 벌에게
쏘인 사람은

寒山か拾得か蜂に螫されしは
(かんざんか じっとくか はちに さされしは)

 소세키의 풍부하고 자유분방한 표현이 빚어낸 명작으로 평가받는 작품이다. 이 구는 실제 있었던 풍경을 그린 것이 아니다. 벌에 쏘여서 허둥대는 모습이 꼭 한산(寒山)이나 습득(拾得) 같다고 비유했다. 한산과 습득은 모두 당나라 때의 유명한 승려다. 선도(禪道)를 깨달아 문주(文珠)·보현(普賢)의 화신이라고 칭해졌다. 한국에서는 다소 낯설지만, 일본 문학에서는 흔히 엉뚱하고 해학적인 인물의 상징으로 등장한다. 또한 그림의 좋은 소재가 되기도 한다. 소세키는 이 유명한 고승이 벌에 쏘여 허둥대는 모습을 연상해서 하이쿠로 지었다. 계절어는 벌(봄).

고린(光琳)이 그린
병풍에 피어나네
복수초(福壽草)꽃

하이쿠_018

光琳の屛風に咲くや福壽草
(こうりんの びょうぶに さくや ふくじゅそう)


　복수초꽃이 병풍에 피어난다는 발상은 시인만이 갖는 능력이다. 소세키는 에도 시대에 활약한 화가이며 공예가인 오가타 고린(尾形光琳, 1658-1716)이 그린 병풍 속의 복수초꽃을 이렇게 읊었다. 자연스럽게 병풍이 서 있고, 그 병풍에 복수초꽃이 그려진 공간을 연상하면 좋을 듯. 조금은 호화로운 분위기가 감지된다. 병풍 속의 복수초꽃 향기가 방을 장식하는 느낌도 있다. 참고로, '영원한 행복', '축복', '행복을 가져온다'는 꽃말을 가진 복수초꽃은 노란색 꽃이 인상적이며, 새해를 알리는 꽃으로 여겨졌다고 한다. 새해의 기쁨과 행복감을 아울러 표현하고 있다. 계절어는 복수초꽃(겨울).

방적공장의
피리 소리 울리고
겨울비 오네

하이쿠_019

紡績の笛が鳴るなり冬の雨
(ぼうせきの ふえがなるなり ふゆのあめ)

 

이 작품이 기존 하이쿠와의 차별성을 보여주는 것은 바로 '피리 소리'에 착안했다는 사실. 즉, 새로운 소재의 선택이다. 그것은 기존의 전통적인 하이쿠의 발상에서 벗어나려는 노력으로 자유로운 사고를 반영한다. 이 작품이 높이 평가받는 것은 그 때문이다. 실제 본 풍경일까. 상상으로 창작된 것일까. 피리 소리로 노동자의 생활을 관리했다고 하는 당시의 상황을 떠올리면, 겨울비와 결합한 피리 소리는 이 작품의 분위기를 다소 우울하게 한다. 차갑게 한다. 계절어는 겨울비(겨울).

화창한 봄날
서로 하품을 하며
헤어지노라

하이쿠_020

永き日やあくびうつして別れ行く
(ながきひや あくびうつして わかれゆく)

봄의 하루는 언제까지나 계속될 것처럼 화창하다. 하지만 서로 마주 보며 하품을 하며 친근한 사이였던 소세키와 다카하마 교시(高浜虛子, 1874-1959)에게 찾아오는 이별의 쓸쓸함도 읽힌다. 다카하마 교시는 메이지(明治)·다이쇼(大正)·쇼와(昭和) 시대에 걸쳐 활약한 유명한 하이쿠 시인이며 소설가다. 원문에서 긴 해를 뜻하는 "나가키히(永き日)"를 "화창한 봄날"이라고 번역한 것은 봄이 되어 낮이 길어졌음을 나타내기 위함이다. 실제로는 여름이 봄보다 해가 길지만, 심리적으로는 겨울에 비해 봄에 해가 길게 느껴진다. 이 구는 의미상 '긴 해'보다 '화창한 봄날'이라고 번역하는 것이 더 어울린다. 마쓰야마(松山)에서 두 사람이 이별할 때의 모습이 눈에 떠오른다. 계절어는 화창한 봄날(봄).

예나 지금이나  
잘라도 피가 나지 않는  
해삼이어라

하이쿠_021

古往今来切って血の出ぬ海鼠かな  
(こおういんらい きってちのでぬ なまこかな)

 

역시 재미있는 작품이다. 해삼은 잘라도 피가 나지 않는다. 그 당연한 것을 당연하게 읊고 있기에 그렇다. 거기에 "고왕금래(古往今來)"라는 다소 과장된 한자어로 풀어내고 있어 유머가 느껴진다. 여기에 이 하이쿠의 맛이 있다. 고왕금래는 '예전부터 지금까지'라는 뜻. 계절어는 해삼(겨울).

가을바람이
한 사람을 불어낸다
바다 위

秋風の一人をふくや海の上
(あきかぜの ひとりをふくや うみのうえ)


　이별의 쓸쓸함을 담고 있다. 소세키가 런던 유학을 떠나기 전에 자신의 제자인 물리학자이며 수필가, 하이쿠 시인이었던 데라다 도리히코(寺田寅彦, 1878-1935)에게 보낸 엽서에 쓴 것이다. 출항지는 요코하마항. "가을바람이/ 한 사람을 불어내"는 상황에는 이별의 쓸쓸함과 함께 낯선 동양인이 당시의 대영제국의 수도인 런던으로 유학 가서 감당해야 할 초조함과 부담감도 혼재해 있었을 듯. 계절어는 가을바람(가을).

명자나무꽃
피는구나 소세키
우직하게 살리라

木瓜咲くや漱石拙を守るべく
(ぼけさくや そうせきせつを まもるべく)

"우직하게 살리라"라고 번역한 일본어 원문 '수졸(守拙)'은 어리석음을 벗어나지 못하고 우직한 태도를 고집하여 본성을 고치지 않는다는 뜻이다. 중국의 은둔 시인 도연명(陶淵明, 365-427)의 오언시 중의 한 구절인 "수졸귀원전(守拙歸園田, 절개를 지켜 전원으로 돌아간다)"을 바탕으로 쓴 것이다. "명자나무꽃/ 피는구나"와 관련하여, 소세키 자신이 '하이쿠적 소설'이라고 불렀던 소설 『풀베개(草枕)』(1906)에는 명자나무꽃과 관련하여 다음과 같은 구절이 나온다. "명자나무꽃은 재미있다. 가지는 완고하여 일찍이 구부러진 적이 없다. 그렇다고 바로 쭉 뻗었는가 하면 꼭 그렇지도 않다. 다만 곧고 짧은 가지에 곧고 짧은 가지가 어떤 각도로 맞부딪치고 비스듬하게 자세를 취하면서 전체를 이루고 있다. 거기에 붉지도 않고 희지도 않은 어중간한 꽃이 한가롭게 핀다. 부드러운 잎사귀도 어른어른 눈에 띈다. 평을 하자면, 명자나무꽃은 꽃 중에서 어렴풋이 깨달음을 얻은 꽃일 것이다. 세상에는 순수한 삶을 사는 사람이 있다. 이런 사람이 내세에 다시 태어나면 분명 명자나무가 된다. 나도 명자나무가 되고 싶다."(오석륜 옮김, 『풀베개』, 169쪽). 이러한 소설 속의 문장과 함께 이 시는 소세키가 스스로 어떻게 살아가야 하는지를 타이르고 다짐하는 듯한 느낌으로 읽힌다. 계절어는 명자나무꽃(봄).

근심이 있냐고
사람들이 물어볼 만큼
야위었네

物や思ふと人の問ふまで夏痩せぬ
(ものやおもうと ひとのとふまで なつやせぬ)

이 작품은 "참아봤으나 얼굴에 드러났네 내 사랑은 근심이 있냐고 사람들이 물어볼 만큼(しのぶれど色にいでにけりわが恋は物や思ふと人の問ふまで)"이라는 다이라노 가네모리(平兼盛, ?-990)의 노래에서, 뒤의 구 "근심이 있냐고 사람들이 물어볼 만큼(物や思ふと人の問ふまで)"을 그대로 인용했다. 다이라노 가네모리의 노래를 좀 더 쉽게 풀어보면, '내 사랑하는 마음은 아무에게도 알려지고 싶지 않다. 그렇게 마음먹고 참고 견뎌왔지만, 마침내 그걸 못 견디고 얼굴에 나타나 버렸는지, 무슨 근심이 있습니까? 하고 사람이 물어볼 만큼'이라는 의미다. 그는 헤이안 시대(平安時代, 794-1192) 중기 때의 귀족으로, 그 당시를 대표하는 가인의 한 사람이다. 헤이안 시대 와카(和歌)의 명인 36인을 총칭하는 표현으로 '삼십육가선(三十六歌仙)'이 있는데, 그중의 한 사람이다. 소세키는 이렇게 잘 알려진 가인의 노래를 인용해, 사랑 때문에 야

윈 사람의 모습을 하이쿠로 그려냈다. 다만, 필자는 '여름 더위 때문에 식욕이 줄고 몸이 쇠약해서 마르는 것'을 뜻하는 원문의 "나쓰야세(夏瘦せ)"를 "야위었네"로 옮겼다. 참고로, 마사오카 시키의 "참아봤으나/ 고양이에 드러났네/ 나의 사랑은(忍ぶれど猫に出でけり我恋は)"이라는 하이쿠도 있다. 이처럼 그 당시에는 잘 알려진 시가, 즉 고전을 인용하는 방식을 통해 창작된 작품도 꽤 있었다. 계절어는 야위다(여름).

저는
허수아비입니다
참새님이여

某は案山子にて候雀どの
(なにがしは かかしにてこう じゃくどの)

　허수아비가 참새에게 말을 거는 모습을 상상하여 읊은 작품이다. 재미있는 상상이지만 애잔함이 담겨 있다. 허수아비에 자신을 비유하며 절실하게 자신의 감정을 드러냈기 때문이다. 허수아비는 활과 화살을 들고 참새를 위협하고 있지만, 실은 형태뿐인 존재다. 그런 감정이 후에 자신을 대표하는 소설 『도련님(坊ちゃん)』(1906)을 통해 표출되었는지도 모른다. 계절어는 허수아비(가을).

별 하나 보여
잠을 못 이루는
서리 내린 밤

하이쿠_026

星一つ見えて寐られぬ霜夜かな
(ほしひとつ みえてねられぬ しもよかな)

    서리 내리는 밤과 별 하나를 배치하여 읽는 이에게 상상을 자극한다. 서리 내리는 밤에 별 하나가 보여 신경이 쓰였을까. 곧 사라질 듯한 별을 아쉬워하는 소세키는 잠을 이루지 못하고 있을까. 이런저런 상상을 불러일으킨다. 계절어는 서리(가을).

긴 봄날이여
이다(韋駄)를 강의하는
박사가 있네

하이쿠_027

**永き日や韋駄を講ずる博士あり**
(ながきひや いだをこうずる はかせあり)



박사가 열정을 가지고 강의하는 모습을 재미있게 그려내고 있다. 왜냐하면, 별로 관심도 없으며 화제가 되지 않는 "이다(韋駄)"에 대해서 강의하고 있기 때문이다. 이다는 기원전 1500년경부터 기원전 500년경에 걸쳐 인도에서 편찬된 인도 최고(最古)의 종교 문헌을 가리킨다. 여기에 나오는 박사는 이노우에 데쓰지로(井上哲次郎, 1856-1944). 그는 메이지 시대 철학자이며 시인으로 서양철학을 일본에 소개하였으며, 도쿄대학에서 일본인으로는 첫 철학 교수가 된 사람이다. 신체시 운동의 선구자이기도 하다. 무관심한 것에 대한 강의, 그리고 열정. 그 시절로 돌아가 이노우에 데쓰지로 박사의 강의를 듣고 싶은 욕망이 생긴다. 계절어는 봄날(봄).

가게 점원은
메밀을 좋아하네
세밑 대청소

長松は蕎麦が好きなり煤払
(ちょうまつは そばがすきなり すすはらい)


　세밑 대청소를 할 때 메밀국수가 나왔다는 뜻. 이 구는 새해맞이 준비를 하는 상인의 가게를 떠올리며 감상하면 좋을 듯. 일본에는 세밑에 한 해를 보내고 새해를 맞이하면서 메밀국수를 먹는 풍습이 있다. 한자어 장송(長松)은 일본어로는 '죠마쓰'라고 읽으며, 에도 시대 상인의 가게에 있는 도제(徒弟, 직업에 필요한 지식, 기능을 배우기 위하여 스승의 밑에서 일하는 직공)를 말한다. 그리고 일본에서는 세밑에 천장의 그을음과 마루 끝의 먼지까지 털어내는 대청소를 하는데, 이것을 '스스하라이'라고 한다. 한자로는 '매불(煤拂)'이라고 쓴다. 에도(江戶, 지금의 도쿄)에서는 당시 12월 13일에 하는 것이 보통이었다. 세밑 대청소는 새해를 맞이하는 중요한 행사였다. 계절어는 세밑 대청소(겨울).

선생님이여
지붕에서 글을 읽는
세밑 대청소

하이쿠_029

**先生や屋根に書を読む煤払**
(せんせいや やねにしょをよむ すすはらい)

앞의 구에서도 언급한 것처럼, 일본에서는 세밑 대청소를 한다. 집안사람들은 청소로 분주한데, 그런 집에서 벗어나 선생님은 뜻밖에도 지붕으로 올라가 책을 읽는다고. 그렇게까지 책을 읽고 싶어 하다니 괴짜인가. 그것도 추운 겨울 하늘 아래 지붕에서 진지하게 책을 읽겠다고. 그런 소세키 선생님을 상상해보자. 입가에 미소가 절로 생길 듯. 자신을 희화화하고 있는 것처럼 읽혀 재미와 유머가 느껴진다. 계절어는 세밑 대청소(겨울).

볕 잘 드는 곳
잘 익은 감과 같은
기분이 드네

하이쿠_030

日あたりや熟柿の如き心地あり
(ひあたりや じゅくしのごとき ここちあり)

발상이 기발하다며 마사오카 시키로부터 호평을 받은 작품이다. 늦가을로 접어들 무렵에 햇볕 잘 드는 곳에 있으면 어떨까. 그것을 잘 익은 감에 비유하고 있다. 소세키의 문학적 재능이 바로 이런 것이구나 하는 느낌이 든다. 계절어는 잘 익은 감(가을).

남쪽 창문에
사진을 인화하네
고추잠자리

하이쿠_031

南窓に写真を焼くや赤蜻蛉
(なんそうに しゃしんをやくや あかとんぼ)

　소세키가 구마모토오고(熊本五高) 재직 시절에 학교의 물리 교실에서 바라본 풍경을 묘사한 것으로 물리 교실의 암실, 사진 현상, 고추잠자리의 조화가 절묘하게 짜여 있다. 소세키는 이과 분야에도 관심이 많았다. 물리 교실은 본관에서 떨어진 곳에 지은 벽돌 건물로, 그곳 남쪽 창문의 창틀에는 사진 인화용 액자를 닮은 인화 틀이 자주 나와 있었고, 하얀 돌로 된 창틀에 가을 햇살이 쨍쨍 비치던 광경은 인상적이었다고 물리학자이며 수필가, 하이쿠 시인이었던 데라다 도라히코(寺田寅彦, 1878-1935)가 회고하고 있다. 데라다가 구마모토오고 학생이었을 때 소세키는 그 학교의 영어 교사였다. 그 후 소세키를 평생 스승으로 섬겼다. 소세키는 한때 건축가 지망생이었기에 서양식 건축의 이국 취미도 나타내고 싶었을 것이다. 고추잠자리가 날아다니는 높이를 짐작하면 창문도 꽤 높지 않았을까. 계절어는 가을(고추잠자리).

# 2부

차가운 바람
바다에 저녁해를
떨어뜨리네

하이쿠_032

凩や海に夕日を吹き落とす
(こがらしや うみにゆうひを ふきおとす)

　차가운 바람을 의인화하고 있다는 점에서 소세키의 문학적 상상력이 돋보인다. "바다에 저녁해를 떨어뜨리"는 주체는 차가운 바람이다. 이런 표현은 아마도 소세키가 한시에 친숙했기 때문이 아닐까 하는 생각을 해본다. 구마모토에서 영어 교사를 할 때의 작품이다. 계절어는 차가운 바람(겨울).

하이쿠_033

내리는 눈아
오늘 밤만은
쌓여 줘

降る雪よ今宵ばかりは積もれかし
(ふるゆきよ こよいばかりは つもれかし)

이 구는 사랑의 노래다. 소세키가 마사오카 시키에게 보낸 사랑을 읊은 노래가 세 편 있는데, 그중의 한 편이다. 당연히 눈이 쌓이지 말라고 할 텐데, 왜 쌓여 줘, 라고 바람을 담아 노래했을까. 그 당시에는 겨울밤에 눈이 쌓이면 이동이 쉽지 않았을 터. 그렇게 되면 사랑하는 사람은 쌓인 눈 때문에 자신의 곁을 떠날 수 없기 때문이다. 그런 상상을 바탕으로 이 구를 읽으면 재미있다. 즐거운 상상이다. 계절어는 눈(겨울).

나팔꽃이여  
피었다 바로 지는  
목숨이구나

하이쿠_034

朝貌や咲た許りの命哉  
(あさがおや さきたばかりの いのちかな)

 

여기에서 나팔꽃은 25세의 나이로 요절한 소세키의 형수를 비유하고 있다. 이 작품은 자신의 형의 부인, 즉 셋째 형수인 도세(登世)의 죽음 후에 남긴 추도시. 밤에 피었다 낮에 지는 나팔꽃처럼 짧은 생을 마감한 형수에 대한 소세키의 그리움과 깊은 탄식이 들리는 듯하다. 소세키는 성장 과정에서 사랑을 많이 받지 못했기에, 따뜻한 마음을 가졌던 여성이었던 형수에게 호의를 갖고 있었다고 한다. 그녀도 소세키에게 정신적인 안정을 주었다. 그런 그녀가 25살의 나이로 요절하였으니, 그 슬픔이 어떠했을까. 그는 이때 열세 구나 되는 작품을 지어 그녀의 죽음을 애도했다. 참고로, 나팔꽃은 일본인에게 가을이 왔음을 알려주는 꽃으로 인식된다. 계절어는 나팔꽃(가을).

하이쿠_035

하늘이 좁은
도시에 사는구나
음력 시월

空狭き都に住むや神無月
(そらせまき みやこにすむや かんなづき)

걸작으로 평가받고 있는 작품 중의 하나다. 우선, 하늘과 도시의 대비가 인상적이다. 하늘은 넓은데 도시가 좁다는 것은 도회의 건물이나 인공물에 의해 시계(視界)가 차단되어, 자연이 제약되는 상황을 암시한다. 그것은 자연이나 전통을 느낄 기회가 적다는 의미로 받아들일 수 있다. 그럼, 여기에 왜 음력 시월이 등장할까. '신무월(神無月)'은 일본에서 음력 시월을 가리키는 말이다. 전국의 신들이 이즈모다이샤(出雲大社, 이른바 일본 신화의 등장과 관련하여 창건된 신사)에 모여들기 때문에, 다른 지역에서는 신이 없어지는 달이라는 뜻이다. 가을의 쓸쓸함과 함께 신비한 분위기도 자아낸다. 작품에 담긴 뜻과 그로 인해 일어나는 감동으로 읽는 이의 마음을 사로잡는다. 계절어는 음력 시월(겨울).

달마기(達磨忌)구나
달마를 닮은
얼굴은 누구

하이쿠_036

**達磨忌や達磨に似たる顔は誰**
(だるまきや だるまににたる かおはだれ)

 

한국인에게도 익숙한 이름 달마. 달마기(達磨忌)는 중국 선종의 시조로 여겨지는 달마의 기일이라는 뜻이다. 이 구는 음력 10월 5일, 그의 기일에 모인 사람 중에 달마를 닮은 사람이 있다고? 그 사람은 누구일까? "얼굴은 누구?"라는 의문을 던짐으로써 재미와 상상을 번지게 한다. 소세키는 서재에 손수 그린 달마상을 장식해 놓고 있었다고 한다. 마음의 번잡함에서 벗어나려고 젊은 시절부터 참선을 하며 구원을 받았던 그를 생각하면서 이 작품을 감상하면 어떨까. 계절어는 달마기(겨울).

사마귀여
무슨 까닭으로
화를 내느냐

蟷螂の何の以ってか立腹す
(かまきりの なんのもってか たちはらす)

고사성어 '당랑지부(螳螂之斧)'를 생각나게 한다. '사마귀의 도끼'라는 뜻으로, 허약한 사람이 자기의 분수도 모르고 덤벼들거나 저돌적으로 밀어붙일 때 쓰는 말이다. 현대에서는 무모한 저항의 비유로 쓰이기도 한다. 약자가 자신의 힘을 모르고 강한 상대에게 무모하게 맞서려고 하는 심정은 무엇일까. 소세키는 어떤 마음으로 이 구를 읊었을까. 약한 존재 사마귀에게 화를 내는 사정을 듣고 싶은 충동이 일어난다. 계절어는 사마귀(가을).

둥근 달에게  
마음이 기운 소세키  
아내를 잊었네

하이쿠_038

月に行く漱石妻を忘れたり  
(つきにいく そうせきつまを わすれたり)

    너무나 둥근 가을 달이 좋아서 곁에 있는 아내의 존재조차 잊어버렸다는 뜻이다. 이해 여름, 소세키의 부인 교코는 남편의 부임지 구마모토에서 친정인 도쿄로 긴 여행을 떠났지만, 유산을 하고 말았다. 30시간이 넘는 여행은 큰 부담이었으리라. 소세키는 아픔을 겪은 아내를 두고 홀로 구마모토로 돌아가야만 했다. 이 구를 몇 번 곱씹어 읽어보고 생각하면, "아내를 잊었네"라는 표현에는 오히려 잠시라도 아내를 잊지 않고 있었던 마음이 담겨 있는 듯하다. 부부가 떨어져 지내게 되는 쓸쓸함을 참으려는 의지가 읽히기 때문이다. 계절어는 둥근 달(가을).

동풍이 분다
기다린다고 하면
바로 돌아오리다

하이쿠_039

東風や吹く待つとし聞かば今帰り来ん
(こちやふく まつとしきかばいま かえりこん)

　이 구는 유명한 가인 아리와라노 유키히라(在原行平, 818-893)의 와카에서 인용했다. "이별하지만, 이나바(稲羽)의 산에 자라는 소나무처럼 (나를) 기다린다고 하면 바로 돌아오리다(たち別れ いなばの山の 峰に生ふる まつとし聞かば 今帰り来む)"라는 와카에서, 뒤의 구 "기다린다고 하면 바로 돌아오리다(まつとし聞かば 今帰り来む)"를 그대로 가져왔다. 유키히라는 헤이안 시대 초기에 활약한 가인으로, 국정을 담당하는 최고의 직위에 있는 관료이기도 했다. 855년 봄, 그가 부임지로 떠날 때 송별의 자리에서 읊은 노래였다. 이 와카는 현재까지도 이별을 노래하는 명문으로 전해진다. "동풍이 분다"는 봄의 이미지가 더해져, 봄바람 부는 날에 이별의 노래가 들려오는 듯하다. 계절어는 동풍(봄).

울지도 않고
콕, 찌르는 모기네
다바루자카(田原坂)

鳴きもせでぐさと刺す蚊や田原坂
(なきもせで ぐさとさすかや たばるざか)


 이 구는 '메이지'라는 시대의 살벌했던 측면을 엿볼 수 있는 작품으로 거론된다. 다바루자카(田原坂)는 1877년에 일어난 서남전쟁(西南戰爭)에서 가장 격전지였던 구마모토현 북부의 가모토군(鹿本郡)에 있는 지명으로 비탈길이다. 침식곡(浸蝕谷)이었기 때문에 구불구불 꺾인 가파른 벼랑을 여기저기에서 볼 수 있다. 지형적 특성으로 서남전쟁에서는 이곳이 관군(官軍)과 사이고 다카모리(西鄉隆盛, 1828-1877) 군대가 뒤섞여 백병전의 무대가 되었다. 서남전쟁이란 1877년(메이지 10년) 1월 29일부터 9월 24일에 걸쳐, 현재의 구마모토현(熊本縣)·미야자키현(宮崎縣)·오이타현(大分縣)·가고시마현(鹿兒島縣)에서 사이고 다카모리를 맹주로 일어난 사족(士族)에 의한 무력 반란이다. 사족은 메이지 유신(明治維新, 1868) 후, 원래 무사 계급에 속한 사람에게 부여되었다. 메이지 초기에 일어난 일련의 사족 반란 중에서는 최대 규

모로, 일본 최후의 내전(內戰)이기도 하다. 관군에 진압되어 같은 해 9월에 사이고 다카모리가 자결하면서 종결되었다. 그런 역사적 아픔이 있는 곳을 소세키는 1897년 구마모토오고의 영어 교사로 부임했다. 서남전쟁이 일어나고 채 20년이 지나지 않았을 때였다. 그는 그 전란의 땅에서 지금은 모기만이 콕, 찌른다고 읊은 것이다. 서남전쟁을 생각하면 필사적으로 사람을 찌르는 모기에게서 무서움을 느꼈을 만도 하다. 계절어는 모기(여름).

추운 봄날에
무덤에 걸어놓았네
계자(季子)의 검

春寒し墓に懸けたる季子の劍
(はるさむし はかにかけたる きしのけん)


"계자(季子)의 검"은 중국 당나라 이한(李翰)이 저작한 역사책인 『몽구(蒙求)』 등에 나오는 이야기다. 계자는 춘추시대 오나라 사람으로, 일찍이 진(晉)나라에 사신으로 가는 길에 서(徐)나라를 지나게 되었는데, 서나라 임금이 계자가 차고 있는 검을 갖고 싶어 했다. 계자도 마음속으로는 주고 싶어 했으나 주지는 못했다. 그가 진나라에 갔다가 돌아오는 길에 서나라를 다시 지날 때는 이미 서나라의 왕은 죽고 없었다. 이에 계자는 서나라 임금의 무덤 앞에 있는 나무에 칼을 걸어놓고 떠났다고 한다. 소세키는 그렇게 전해오는 얘기를 이 구에 담아냈다. 후에 마사오카 시키가 죽고 4년 후, 소세키는 『나는 고양이로소이다(吾輩は猫である)』(1905)를 출간하면서 소설의 서문에 시키를 그리워하며 '계자의 검' 얘기를 인용한다. 『나는 고양이로소이다』를 명검(名劍)에 비하며 책을 바친다고. 참고로, "추운 봄날"이라고 번역한 '춘한(春

寒)'은 봄이 되고 나서의 추위를 가리키는 말이다. 계절어는 추운 봄날(봄).

돌아가고 싶다고
울지 말고 웃어라
두견새

帰らふと泣かずに笑へ時鳥
(かえらふと なかずにわらへ ほととぎす)


소세키의 하이쿠 중에서 가장 오래된 것으로 전해지는 두 작품 중의 하나다. 젊은 청년 소세키의 22세 때 작품이다. 폐결핵으로 병약해진 자신의 친구인 마사오카 시키(正岡子規)를 '자신의 나라로 돌아가고 싶다'고 우는 두견새에 비유하여 지은 것. 시키에게 두견새처럼 돌아가고 싶다고 말하지 말고 웃어라, 그리고 건강해지라는 소세키의 마음을 읽을 수 있다. 작품에 등장하는 두견새는 폐결핵을 의미한다. 메이지 시대 당시에는 폐결핵이 유행했다. 두견새는 입 안이 빨갛기 때문에, 예로부터 '울며 피를 토하는 두견새'라고 일컬어졌다. 거기에서 병이나 결핵을 비유하게 된 것. 소세키에게는 자신의 첫째 형, 둘째 형을 모두 폐결핵으로 잃은 아픈 기억이 있다. 시키의 한자인 '자규(子規)'는 두견새를 나타내는 글자다. 두견새는 자규(子規) 이외에도, '시조(時鳥)', '불여귀(不如歸)', '촉혼(蜀魂)', '두우(杜宇)' 등 여러 이름으로 불리기도 한다. 시키가 자신의 호를 시키라고 사용한 것도 이때부터라고 전해진다. 두견새, 즉, 일본어 '호토토기스'와 관련해서는 당시 일본인에게 베스트셀러가 된 소설이 있었는데, 도쿠토미 로카(德富蘆花, 1868-1927)의 『호토토기스(不如歸)』(1901)가 바로 그것이다. 계절어는 두견새(여름).

돌아가려 해도
아무도 기다리지 않는
두견새

하이쿠_043

聞かふとて誰も待たぬに時鳥
(きかふとて だれもまたぬに ほととぎす)

 

앞에서 소개한 "돌아가자고/ 울지 말고 웃어라/ 두견새"와 같이 역시 소세키의 하이쿠 중에서 가장 오래된 것으로 전해지는 두 작품 중의 하나다. 이 구에서 두견새는 원망스러운 존재다. 그 옛날에 있었던 자신의 나라가 멸망해버려 현재는 사라졌지만, 두견새는 그 나라로 돌아가고 싶다며 울고 있기 때문이다. 더하여, 돌아갈 길을 물으려 해도 기다리는 자가 없다면 어찌 될까. 이 시는 옛날의 나라에 매달리지 말고 같이 새로운 나라로 나아가자고 하는 격려와 권유를 담고 있다. 그것은 곧 소세키가 시키에게 보내는 마음의 표현이다. 계절어는 두견새(여름).

신록을 헤쳐
손바닥 크기만 한
산의 절

若葉して手のひらほどの山の寺
(わかばして てのひらほどの やまのてら)

이 구는 원근법을 구사해 표현한 작품이다. 산사 주위에 우거진 숲속의 신록을 헤치고 나아가니, 손바닥 크기만 한 작은 절이 멀리에서 보인다는 뜻이다. 구마모토에 있는 죠도지(成道寺)에서 읊은 작품으로 전해진다. 계절어는 신록(여름).

굳세고 고집스러운
매화를 그렸네
샤슌세이(謝春星)

佶倔な梅を描くや謝春星
(きっくつな うめをえがくや しゃしゅんせい)


샤슌세이(謝春星)는 에도 시대에 활약했던 유명한 하이쿠 시인이며 화가였던 요사 부손(与謝蕪村, 1716-1784)을 가리킨다. 그의 별호(別號)가 샤슌세이. 중국 시문(詩文)의 세계에서 매화는 '추위에 굴하지 않고 고고하게 피는' 상징이며, 종종 인격·절조를 나타내기도 한다. 샤슌세이도 매화 그림을 좋아했던 화가였다. 소세키는 특히 이 구에서 "그렸네"라고 영탄으로 맺음으로써 부손의 붓과 매화의 정신이 일체화되고 있는 모습을 강조해서 표현했다. 부손의 회화적인 공상 취미에 공감해 그의 하이쿠를 연상시키는 많은 구를 지었다는 얘기도 있을 만큼 소세키는 부손 애호가였다는 평가도 있다. 자신의 단편소설 「열흘 밤의 꿈(夢十夜)」(1908)의 '둘째 밤'에도 부손의 그림에 관한 문장이 다음과 같이 등장한다. "미닫이에 그려진 그림은 부손의 작품이다. 까만 버드나무를 진하고 엷게 원근으로 그렸다."(오석륜 옮김, 『철 늦은 국화-다시 읽는 일본 단편소설 걸작선』, 푸른길, 218쪽). 계절어는 매화 (봄).

죽음을 숨기고
군대를 되돌리네
별이 뜬 달밤

하이쿠_046

喪を秘して軍を返す星月夜
(そうをひして ぐんをかえす ほしづきよ)

 

소세키는 역사를 하이쿠에 접목하며 시적 상상을 확장해갔다. 이 작품은 역사를 다룬 하이쿠로 깊은 뜻이 담겨 있다. 하시바 히데요시(羽柴秀吉, 1537-1598)가 오다 노부나가(織田信長, 1534-1582)의 죽음을 숨기고 주고쿠(中国) 정벌에서 군을 되돌리는 정경을 상상해서 만든 것이다. 일본의 전국시대(15세기 후반에서 16세기 후반) 당시, 히데요시는 모리시(毛利氏)를 치기 위해 주고쿠 전투(中国戰鬪)를 치르던 중이었지만, 오다 노부나가가 혼노지의 변(本能寺の変)으로 아케치 미쓰히데(明智光秀, 1516-1582)에게 죽임을 당하고 만다. 그러자 히데요시는 서둘러 교토로 돌아와 야마자키(山崎)의 싸움에서 미쓰히데를 물리친다. 히데요시는 후에 성(姓)을 부여받아 도요토미 히데요시(豊臣秀吉)가 되었고, 바로 임진왜란을 일으킨 장본인이다. "별이 뜬 밤"은 군대가 되돌아가는 야경을 연상해서 읽으면 좋을 듯. 계절어는 별이 뜬 밤(가을).

뜸직하게
엉덩이를 붙박은
호박이로세

どっしりと尻を据えたる南瓜かな
(どっしりと しりをすえたる かぼちゃかな)

　의인법을 사용해 호박이 엉덩이를 "뜸직하게" 붙박고 있다고 표현했다. 참 재미있다. 소세키의 유머 감각이 잘 나타나 있다. 눈에 보이는 풍경을 나타낸 작품으로, "엉덩이를 붙박은"에는 호박의 안정감도 느껴진다. 계절어는 호박(가을).

기라(吉良) 님은
공격받았습니다
에도(江戶)는 눈 속

吉良殿の討たれぬ江戸は雪の中
(きらどのの うたれぬえどは ゆきのなか)

역시 역사물을 소재로 한 하이쿠. 앞에서도 언급했지만, 역사적 사실을 자신의 작품에 다루고 있는 점은 소세키 문학의 한 특징이다. 소세키는 에도 시대 중기에 발생한 아코 사건(赤穗事件)의 중심인물 중 한 사람인 기라 요시히사(吉良義央, 1641-1703)를 이 구의 소재로 삼고 있다. 아코 사건은 기라 요시히사를 실수로 치지 못하다가 할복자살을 당하는 아사노 나가노리(浅野長矩, 1667-1701) 대신에 그 가신(家臣)인 오이시 요시오(大石 良雄, 1659-1703) 이하 47명이 기라 요시히사를 공격한 사건이다. 이 사건은 후에 일본에서 닌교죠루리(人形浄瑠璃, 일본의 전통 예능으로 인형극)나 가부키(歌舞伎, 일본의 연극으로 전통 예능의 하나)를 비롯해 수많은 연극, 영화, TV 드라마의 제재로 다루어진다. 여기에서 제재를 취한 것으로 유명한 창작 작품이 바로「쥬신구라(忠臣蔵)」다. 소세키는 바로 이「쥬신구라」의 한 장면을 다룬 것.「쥬신구라」는

소세키의 대표 소설 『나는 고양이로소이다(吾輩は猫である)』(1905)의 8장에도 등장한다. 에도는 도쿄의 옛 이름이며, 전(殿, 일본어 '도노')은 귀인의 대명사로 인명이나 직명(職名) 등의 뒤에 붙이면 경칭이 되는 접미사로 이해하면 될 듯. 계절어는 눈 속(겨울).

더웠으리라
옛날 오사카에서의
오사카의 진(大坂の陣)

あつきものむかし大坂夏御陣
(あつきもの むかし おおさか なつのじん)

　역시 역사를 다루고 있다. 오사카의 진(大坂の陣)은 도쿠가와(德川) 가문의 에도 막부와 도요토미 가문 사이에 있었던 '오사카겨울의진(大坂冬の陣)'(1614)과 '오사카여름의진(大坂夏の陣)'(1615)이라는 두 개 전투의 총칭이다. 이 시에서는 '오사카여름의진(大坂夏の陣)'을 다루고 있다. 더위를 연상하게 하는 작품이지만, 실제로 전투가 행해진 시기는 음력 5월 7일. 양력으로 하면 6월 상순 무렵이었다. 우리가 생각하는 아주 무더운 여름은 아니었다. 싸움에 패한 도요토미 종가(宗家)는 멸망하고, 도쿠가와 가문을 정점으로 안정적인 정권이 본격화된다. 임진왜란이 끝난 1598년 이후 일본에서 있었던 권력 쟁탈의 한 모습이다. 계절어는 더위(여름).

울고 싶으면
둥근 달에게 울어라
두견새

하이쿠_050

鳴くならば満月になけほととぎす
(なくならば まんげつになけ ほととぎす)

두견새는 마사오카 시키를 가리킨다. 둥근 달은 '대학 졸업'의 의미다. 이 구는 소세키가 친구인 마사오카 시키에게 보낸 편지 속에 들어 있다. "수업에 나가지 않아 대학 학년말 시험에 낙제해 퇴학해야만 한다"고 전해온 시키를 격려하는 뜻에서 이 시를 지어 보냈다. 시키는 결국 도쿄대학 국문과를 중퇴했다. 하지만 후에 그는 신문기자가 되었고, 하이쿠라는 용어를 만들어내는 하이쿠의 거장이 되었다. 계절어는 두견새(여름).

유채꽃밭
그 속으로 커다란
해가 지누나

하이쿠_051

菜の花の中へ大きな入日かな
(なのはなの なかへおおきな いりひかな)

저녁 무렵, 유채꽃밭으로 크고 붉은 태양이 천천히 저무는 모습을 상상해보라. 정취가 있는 풍경이다. 소세키가 후에 많은 소설을 비롯해 폭넓게 글을 쓸 수 있었던 것은 시인으로 출발한 그의 뛰어난 문학적 재능 때문이리라. 그런 역량이 느껴지는 작품이다. 계절어는 유채꽃(봄).

여름옷 갈아입고
도쿄에서 온
신부를 맞았네

하이쿠_052

衣更へて京より嫁を貰ひけり
(ころもがへて きょうよりよめを もらいけり)

　소세키가 남긴 많은 하이쿠에서 의외로 아내를 소재로 지은 작품은 적다. 그중 한 편이다. 소세키가 1896년(메이지 29년) 6월 9일 구마모토에서 도쿄 사람 나카네 교코(中根鏡子, 1877-1963)와 약혼한 일을 읊은 것이다. 여름이라는 계절의 상쾌함과 함께 신혼의 기쁨을 전하는 작품이다. 작품 속의 글자 서울 '경(京)' 자는 '도읍, 서울'이라는 뜻으로, 여기서는 도쿄를 가리킨다. 이 작품에서의 '의경(衣更)'은 여름옷으로 갈아입는다는 뜻. 교코는 귀족원 서기관장인 나카네 시게카즈(中根重一, 1851-1906)의 장녀였다. 계절어는 여름옷 갈아입다(여름).

구다부쓰(愚陀仏)는
주인의 이름이다
겨울나기여

愚陀仏は主人の名なり冬籠
(ぐだぶつは しゅじんのななり ふゆごもり)

　겨울나기를 하는 자신의 모습을 객관화해서 묘사한 자화상이다. 구다부쓰(愚陀仏)는 소세키가 쓴 별호(別號)의 하나다. 부쓰(仏)는 부처를 나타내는 글자로 한자의 정자는 부처 '불(佛)'. 일본어 구다구다(ぐだぐだ)는 장황하게 말하는 모양을 나타내는 말이다. 그러니까 구다부쓰에는 스스로 시끄러운 남자라는 뜻이 담겨 있다. 그해 여름, 소세키는 마쓰야마시 니반쵸 우에노요시카타(松山市二番町上野義方)의 2층 건물의 별채로 거처를 옮겼다. 여기를 구다부쓰암(愚陀仏庵)이라고 이름 짓고, 스스로 구다부쓰암의 주인이라 했다. 암은 암자라는 뜻. 이 말을 줄여서 구다부쓰라고도 칭했다. 계절어는 겨울나기(겨울).

사이교(西行)도
삿갓을 벗고 보는
후지산이여

하이쿠_054

西行も笠ぬいて見る富士の山
(さいぎょうも かさぬいてみる ふじのやま)


　사이교(西行, 1118-1190)와 소통을 즐기고 싶어 했던 소세키의 마음을 읽을 수 있다. 사이교는 헤이안 시대 말기에서 가마쿠라 초기 때의 사람으로 일본의 무사이며, 승려이며, 또한 유명한 가인이었다. 그가 지은 와카는 무려 2,300여 수. 삿갓과 여행 보따리를 옆에 두고 후지산을 바라보는 사이교의 뒷모습을 그린 그림 '후지미사이교(富士見西行)'가 있다. 계절어 없음.

장작불이여
어제 우스이고개(確氷峠)를
넘어왔다네

榾の火や昨日確氷を越え申した
(おたのひや きのううすいを こえもうした)

　화로에 지핀 장작불을 쐬며, 우스이고개(確氷峠)를 넘어왔다고 하는 어느 나그네의 얘기를 소재로 삼아 하이쿠에 접목하였다. 이처럼 소세키는 사람들이 쓰는 구어체의 말을 구에 넣어 표현하는 경우가 있다. 그의 하나의 취향이다. 하이쿠 창작에도 활용한 것이다. 우스이고개는 군마현과 나가노현의 경계에 있는 해발 956미터의 고개다. 나그네로부터 우스이고개를 넘어오면서 있었던 이런저런 이야기를 듣고 싶은 생각을 불러일으킨다. 계절어는 장작(겨울).

처음으로  
후나야여관(鮒屋旅館)에 묵으니  
초겨울비

はじめての鮒屋泊りをしぐれけり  
(はじめての ふなやどまりを しぐれけり)




　후나야여관(鮒屋旅館)은 약 3천 년의 역사를 가진 일본에서 가장 오래된 온천으로도 불리는 도고온천(道後溫泉)이 있는 곳에 있다. 마쓰야마시(松山市)에 있으며 에도 시대(1603-1868)에 개업했다. 이 시는 소세키가 전부터 가고 싶었던 유서 있는 곳에서 처음으로 숙박을 한 체험이 우연히 내린 초겨울비라는 날씨와 결합함으로써, 그 기쁨을 솔직하게 그린 작품으로 평가받는다. 그는 그곳에서 다카하마 교시(高浜虛子, 1874-1959)와 비프스테이크를 먹었다고 한다. 계절어는 초겨울비(겨울).

봄바람 부네
나가이효스케(長井兵助)에
사람이 많고

하이쿠_057

春風や長井兵助の人だかり
(はるかぜや ながいひょうすけの ひとだかり)

나가이 효스케(長井兵助)는 에도 시대의 치과 의사. 치과 치료도 하고 거리에서 긴 칼을 뽑아 보여주는 곡예인 '이누이누키(犬居抜き)'를 보여주며, 사람들을 모아 치약과 칫솔, 그리고 상처에 바르는 연고를 팔기도 했다. 봄바람이 한가로이 부는 날, 나가이 효스케에 이누이누키를 보러 많은 사람이 모여든 풍경이 떠오른다. 계절어는 봄바람(봄).

길기만 할 뿐
무슨 수세미인가
드리워졌네

長けれど何の糸瓜とさがりけり
(ながけれど なんのへちまと さがりけり)



대롱대롱 늘어뜨린 수세미의 풍경을 자유롭게 그려내고 싶은 대로 그려냈다. 하지만, 길기만 할 뿐 별 도움도 안 되는 수세미를 보면서, 소세키는 자신이 살아가는 방식이나 자신이 처한 경우를 수세미에 겹쳐 표현했다는 해석도 설득력 있게 들린다. 계절어는 수세미(가을).

신관(神官)의 아이
에보시(烏帽子)를 썼구나
등꽃이여

禰宜の子の烏帽子つけたり藤の花
(ねぎのこの えぼしつけたり ふじのはな)

    일본어 원문 "네기(禰宜, 우리말 한자음은 예의)"는 신관(神官)을 가리킨다. 신관은 신사에서 신에게 봉사하고 제사와 신사의 업무를 행하는 사람이다. 에보시(烏帽子, 우리말 한자음은 오모자)는 헤이안 시대(平安時代, 794-1192)부터 현대에 걸쳐 일본 고유의 예복을 입을 때 성인 남성이 쓴 모자를 가리킨다. 이 시의 공간적 배경은 후지사키하치만구(藤崎八幡宮), 구마모토시에 있는 신사다. 등꽃은 우리가 알고 있는 것처럼 무척이나 품격이 있는 꽃이다. 거기에 격조 높은 에보시를 쓴 신관의 아이를 배치했다. 전해오는 이야기에 따르면, 신령의 영을 청하여 맞이하려던 칙사(勅使)가 등꽃 가지를 세 개 꺾어 세 곳에 묻었더니, 그 땅에 꽂힌 가지에서 싹이 나고 가지와 잎이 무성하였기에, 후지사키궁(藤崎宮)이라는 이름이 생겨났다고 한다. 이 하이쿠에 등장하는 것은 신관의 아이. 그 아이가 이 불가사의한 이야기를 듣고 등꽃을 바라

하이쿠_059

보는 모습을 읊은 것이다. 보라색 등꽃, 검은색 에보시, 거기에 흰색의 아이 옷, 이들이 색깔의 대비를 잘 보여준다. 비록 짧은 하이쿠이지만, 적지 않은 이야기와 여러 색의 조화가 어우러져 많은 상상과 아름다움을 빚어낸다. 계절어는 등꽃(봄).

단아하게
사랑을 하고 있는
히나인형이구나

하이쿠_060

端然と恋をして居る雛かな
(たんぜんと こいをしている ひいなかな)


　히나인형(雛人形)이 마치 사랑을 하고 있는 것처럼 차분한 모습으로 거기에 있구나, 하는 정경을 나타내고 있는 작품이다. 병아리 '추(雛)'는 '병아리'라는 뜻으로 보통 새의 새끼를 두루 일컫는 데 쓰이지만, 이 구에서는 히나인형(ひな人形)을 가리킨다. 3월 3일의 축제인 히나마쓰리(雛祭り)는 여자아이의 행복을 빌어주기 위해 행해지는데, 이날 볼 수 있는 것이 히나인형이다. 아이에게 화가 미치지 않도록 가족의 바람이나 인생의 행복을 얻을 수 있는 마음을 담고 있다. 이 구의 "단아하게 사랑을 하고 있는"에는 귀여운 남자 인형과 여자 인형이 단아하게 나란히 있는 모습, 혹은 그 인형 주위에 귀여운 여자아이나 할아버지나 할머니, 아버지, 어머니가 같이 있어서 히나마쓰리를 축하하는 모습 등이 떠오른다. 계절어는 히나마쓰리(봄).

가는 해여
고양이가 웅크린
무릎 위

行く年や猫うづくまる膝の上
(ゆくとしや ねこうづくまる ひざのうえ)

    고양이와 사람의 무릎이 서로 온기를 주고받는 듯 따뜻하고 행복하게 전해온다. 사람은 연말이 다가오면 행사나 마무리할 일로 여기저기 다니느라 바쁘지만, 고양이는 평소와 같이 웅크리고 지낼 뿐이다. 『나는 고양이로소이다(吾輩は猫である)』(1905)라는 걸작을 남긴 소세키에게 고양이는 어떤 존재였을까. 이런저런 생각을 하게 한다. 계절어는 가는 해(겨울).

# 3부

가을의 파리
붙잡았다가 다시
놓아주었네

秋の蠅握って而して放したり
(あきのはえ にぎってそして はなしたり)


　얼핏 "가을의 파리/ 붙잡았다가 다시 놓아주"는 행위가 평범한 행위로 보일 수도 있다. 그러나 파리를 잡는 행위에서 극히 짧은 시간이라도 무언가를 잡으려고 하는 인간의 욕망이나 집착이 느껴진다. 파리를 다시 놓아주는 행위는 인생의 덧없음이나 잡은 것을 바로 잃어버리고 마는 무상관을 나타낸다고 해석할 수 있다. 소세키의 하이쿠 중에는 인생의 비애나 자연의 변화를 그린 작품들이 많은데, 이 구도 그런 주제에 부합한다. 인생의 깊이와 심오한 뜻이 마음으로 전해져 온다. 계절어는 가을 파리(가을).

흔들어 움직이며
그러모은 뱅어 떼
무너질 것 같네

하이쿠_063

ふるひ寄せて白魚崩れん許りなり
(ふるひよせて しらうおくずれん ばかりなり)

그물로 흔들어 움직이며 뱅어 떼를 가득 잡았는데, 그 뱅어 떼가 무너질 것 같다는 뜻이다. 그 장면을 포착해 하이쿠에 담아냈다. 무너질 정도가 된 뱅어 떼와 물의 빛깔이 떠오른다. 이 작품은 소세키가 구마모토에 살 때, 그곳에 있는 호수인 에즈코(江津湖)에서 뱅어를 잡던 추억을 읊은 것이다. 상상하는 재미도 쏠쏠하다. 이곳에는 이 작품이 문학비로 남아 있다. 계절어는 뱅어(겨울).

얼떨결에
내 집 문을 지나치는
달밤이구나

하이쿠_064

うかうかと我門過ぎる月夜かな
(うかうかと わがもんすぎる つきよかな)

 "얼떨결에"라는 말이 이 시를 재미있게 한다. 가을 달을 쳐다보는 데 마음을 뺏기다 보면 깜박하고 내 집 문 앞을 지나쳐 버리는 일이 있을 수 있다. 그런 경험에 부끄러워하기도 하고 여유롭게 여기기도 할 것 같은 소세키의 모습을 떠올려본다. 계절어는 달밤(가을).

둥근 달 떴네
고향의 먼 그림자
비치고 있네

하이쿠_065

**名月や故郷遠き影法師**
(めいげつや ふるさととおき かげぼうし)


명월(名月)은 우리의 한가위 보름달을 생각하면 될 것 같다. "둥근 달 떴네"로 번역했다. 소세키가 도쿄를 떠나 마쓰야마(松山)에 부임하여 지은 것으로, 둥근 달이 뜨니 멀리 떨어진 고향이 생각나며, 그 고향의 그림자가 자신의 그림자가 되어 하늘에 비친다는 뜻. 그런 정경을 떠올려보자. 즉, "고향의 먼 그림자"는 고향을 떠나 먼 타향에 온 소세키 자신의 그림자다. 둥근 달과 그림자와 고향이 상호 작용을 일으키고 있다. 거기에 시적 깊이가 있다. 계절어는 둥근 달(가을).

그대는
허수아비 같은
스님인가

하이쿠_066

其許は安山子に似たる和尙哉
(そこもとは かかしににたる おしょうかな)

　허수아비는 그다지 도움이 되지 않는 스님을 비유적으로 나타낸 것. 모습이 닮았다는 것이 아니다. 보기에는 스님이지만, 실제로는 별로 도움이 되지 않는 혹은 의지할 만한 인물이 못 된다는 평을 하이쿠로 대신하고 있다. 계절어는 허수아비(가을).

일을 하러 온
하인 부부가 이별을
하고 왔네

하이쿠_067

出代の夫婦別れて来りけり
(でがわりの ふうふわかれて きたりけり)


에도 시대(1603-1868)에는 일정한 기한을 정하고 주인이나 주군의 집에 거주하며 일을 하는 사람이 있었다. 하남(下男), 하녀(下女)로 불렸다. 이 사람들이 봄가을인 4월과 9월에 자신이 고용된 곳에서 교체되어 다른 곳으로 일을 하러 가게 된다. 이것에 해당되는 일본어가 '데가와리(出代わり)'. 이 구에 나오는 "일을 하러 온 하인 부부"는 그런 사람들이었다. 한국어로 번역하기 적당한 단어를 찾기 어려워, 필자는 "일을 하러 온 하인 부부"라고 옮겼다. 따라서 이 구는 부부가 뿔뿔이 흩어져 각각 다른 주군이나 주인의 집에 일하러 가는 것을 묘사한 작품이다. 이때는 부부가 함께 지낼 수도 없었으니, 참 슬픈 이야기가 아닐 수 없다. 한국인에게는 생소한 데가와리는 메이지 시대(1868-1912) 이후까지 남아 있었다고 한다. 계절어는 일하러 옴(봄).

일하러 온 하녀가　　　　　　　　　하이쿠_068
'하나(花)'라고 답하는데
절름발이였다

**出代りや花と答へて跛なり**
(でがわりや はなとこたへて びっこなり)

'꽃'이라는 예쁜 이름과 '절름발이'의 배치가 절묘하다. 이 구도 역시 앞의 구와 마찬가지로 '데가와리'를 다루고 있다. 이번에 새롭게 온 하녀가 자신의 이름을 '하나(花)'라고 대답한다. 일본어로 '하나'는 '꽃'이라는 뜻. 아름다운 이름이다. 하지만 이름에 어울리지 않게 절름발이였다. 연민과 동정심이 읽힌다. 계절어는 일하러 옴(봄).

오늘부터는
누구에게 비길까
가을의 달

今日よりは誰に見立ん秋の月
(きょうよりは だれにみたてん あきのつき)

    오늘부터는 아름다운 달을 누구에게 빗댈 수 있을까. 이 탄식은 소중한 사람이 없어져버린 안타까움을 달에 담아낸 것이다. 이 구는 앞에서 인용한 "나팔꽃이여/ 피었다 바로 지는/ 목숨이구나"와 같이 소세키가 평소 좋은 이미지를 갖고 있었던 자신의 셋째 형 와사부로(和三郎)의 아내, 즉 형수인 도세(登世)가 25세의 젊은 나이로 세상을 떴을 때 지은 작품의 하나로 알려져 있다. 대상을 상실한 사모의 감정이 맑은 달을 관통하여 흐르고 있다. 계절어는 가을 달(가을).

매화 핀 숙소
잔월연(殘月硯)을
간직하였네

하이쿠_070

梅の宿残月硯を蔵しけり
(うめのやど ざんげつけんを かくしけり)


　매화꽃 핀 숙소에 묵고 있다. 잔월연(殘月硯)은 돌의 눈(眼)이 나온 부분이 있는데, 그것을 새벽까지 하늘에 남아 있는 잔월(殘月)에 비유해 만든 벼루를 말한다. 연(硯)은 벼루라는 뜻. 소세키는 숙소에서 그 벼루를 치우고 붓을 놓았다는 뜻이다. 그는 평소 벼루를 소중히 여겼으며 글씨를 쓰는 것 외에 감상용 벼루도 갖고 있었다고 한다. 옛날 중국 진(晋)나라의 무제(武帝)는 매화를 가리켜 "학문에 친숙해지면 꽃이 피고, 게으르면 피지 않았다"고 한다. 그 고사에서 매화를 학문이나 글을 좋아하는 나무(꽃)라는 뜻이 담긴 '호문목(好文木)'이라고 불렀다. 매화의 별명이다. 이처럼 매화는 시문(詩文)을 상징하는 꽃으로 자주 인용된다. "매화 핀 숙소"에 움직이는 깨끗한 매화 향기와 벼루 향기가 읽는 이에게 번져오고 있다. 계절어는 매화(봄).

꽃무릇 보니
어안이 벙벙하네
길가

하이쿠_071

曼珠沙華あっけらかんと道の端
(まんじゅしゃげ あっけらかんと みちのはた)

　꽃무릇의 정식 명칭은 석산(石蒜)이다. 돌마늘이라는 뜻이다. 이 꽃은 이 구에 나오는 '만주사화(曼珠沙華)' 외에 '피안화(彼岸花)', '사인화(死人花)', '장례화(葬禮花)' 등, 한자문화권인 한중일 세 나라에는 공통으로 죽음과 관련된 명칭들이 많다. 왜냐하면 핏빛처럼 새빨간 빛깔에다 먹으면 사람이 죽을 수도 있는 독성 등의 성질로 여러모로 죽음을 연상하기 좋은 꽃이었기 때문. 이처럼 때로는 불길한 꽃으로 인식되는 꽃무릇을 길가에서 본 소세키는 '뜻밖에 놀랍거나 기막힌 일을 당하여 어리둥절하다'는 뜻인 "어안이 벙벙하네"라고 묘사했다. 여기에 이 구의 매력이 있다. 소세키 문학에 공통적인, 객관적이고 감정이입을 억누르는 자세를 이 구에서도 느낄 수 있다. 계절어는 꽃무릇(가을).

설날 까마귀
동쪽을 첫날밤의
잠자리 거처로

하이쿠_072

初鴉東の方を新枕
(はつがらす ひがしのほうを にいまくら)

신혼인 다카하마 교시(高浜虛子, 1874-1959)를 생각하는 마음을 담아냈다. 소세키는 친구였던 마사오카 시키와의 관계가 자주 강조되고 언급되지만, 교시와도 만남이 오래 지속되었기에 중요하다. 소세키가 신경쇠약이 심해졌을 때 소설을 쓰도록 권했던 사람이 교시라는 얘기도 전해진다. "설날 까마귀"는 교시를 지칭한다. "신침(新枕)"은 신혼부부가 첫날밤 같이 자는 곳을 가리키는데, 그럼 왜 동쪽일까. 해가 떠오르는 기운이 있는 곳이기 때문이다. 그 기운을 받으라는 것이다. 까마귀는 평소에는 불길한 새로 여겨지지만, 진무천황(神武天皇, 일본의 초대 천황으로 여겨지는 인물. 일반적으로는 일본 신화에서 전설상의 인물로 인식된다)의 동정(東征)을 이끌었다는 팔지오(八咫烏, 일본의 신화에 등장하는 새인 야타가라스. 진무천황이 동정할 때 길을 잃었으나 길 안내를 했다는 새)가 연상되어, 정월에는 길조로 여긴다. 계절어는 설날 까마귀(겨울).

무리 짓다가
이내 흩어지누나
강 위의 반딧불

かたまるや散るや蛍の川の上
(かたまるや ちるやほたるの かわのうえ)

  이 구는 반딧불이가 강 위에서 무리를 지어 있다고 생각했는데, 어느 사이엔가 또 흩어져 어지러이 뒤섞여 날아다니고 있는 모습을 읊은 것이다. 반딧불이 펼치는 명멸(明滅)의 움직임을 즐거운 듯 바라보는 소세키의 모습이 떠오른다. 소세키의 하이쿠에서 자주 인용되는 작품이다. 계절어는 반딧불(여름).

아픈 사람이
고타쓰(巨燵)를 벗어나
눈 구경하네

病む人の巨燵離れて雪見かな
(やむひとの こたつはなれて ゆきみかな)




　누워 있던 병자가 따뜻한 고타쓰(巨燵)에서 나와 눈을 바라보고 있는 모습을 떠올려보자. 막힌 공간에 갇힌 듯한 심경에서 눈 구경을 한다는 것은 일상에서 벗어나 조용히 눈을 바라보고 싶다는 뜻이다. 어떤 해방감이나 온화한 심정을 되찾는 행위다. 즉, 일시적이라도 눈이라는 아름다운 경치에 마음을 빼앗김으로써 평소의 생활에서 벗어나 해방감을 맛보고 싶어 하는 바람이다. 고타쓰는 바닥이나 다다미 바닥 등에 놓은 것으로, 짜놓은 틀 속에 열원(熱源)을 넣고 바깥쪽을 방석 등으로 덮어 일정한 공간을 따뜻하게 해주는 일본의 난방기구다. 그럼, 좀 더 쉽게 이해하기 위해 이 작품에 얽힌 일화를 들여다보자. 이 구는 마사오카 시키로부터 받은 편지에 소세키가 답장으로 써서 동봉한 작품이다. 소세키가 대학에서 강의를 성실하게 너무 많이 한 나머지, 거기에 대해 불평하는 학생으로부터 쫓겨나게 될 것 같다는 소문이 시키의 귀에 들어왔다. 이것을 알게 된 소세키가 그런 일로 강사를 그만두게 되는 일은 없을 거라며 시키에게 편지를 써서 부쳤던 것. 즉, 소문에 신경 쓰지 않겠다는 의지의 표현이다. 기분 전환하거나 해방감을 맛보고 싶어서 눈 구경하겠다는 소세키의 생각이 읽힌다. 참고로, 현재 고타쓰의 한자 표기는 보통 '거달(炬燵)'로 쓰지만, 에도 시대에는 '화달(火燵)', '거달(巨燵)' 등으로 표기했다. 계절어는 고타쓰(겨울).

병 낫지 않고
쭈그리고 앉네
밤의 태풍

하이쿠_075

病癒えず蹲る夜の野分かな
(やまいいえず うずくまるよの のわきかな)

　가을밤에 몸을 쭈그린 채 견디는 것은 위가 아프기 때문일까. 이런저런 생각을 불러일으킨다. 밖에는 시끄럽게 태풍이 불고 있다. 계절어로 채택한 태풍은 가을을 강조하는 말로 넣은 듯하다. 태풍이 자신의 병을 나타낸다고 보는 시각도 있지만, 다소 무리가 있는 듯. 계절어는 태풍(가을).

가을 더위여  
잘 낫지 않는구나  
위병(胃病)

하이쿠_076

秋暑し癒えなんとして胃の病  
(あきあつし いえなんとして いのやまい)

　가을 더위가 쉬 물러날 것 같지도 않고 위병은 좀처럼 낫지 않는다는 뜻이다. 소세키가 위병을 앓고 있었다는 것은 누구나 아는 사실. 그가 괴로워하는 모습이 떠오르는 듯하다. 가을 더위는 당연히 위에 좋지 않은 영향을 주었을 것이다. 이 작품에는 견디기 어려운 생각과 함께 더위가 물러가고 빨리 시원해졌으면 하는 호소와 바람이 동시에 느껴진다. 계절어는 가을 더위(가을).

동서남북
어디에서건
눈보라 치네

東西南北より吹雪かな
(ひがしにし みなみきたより ふぶきかな)

　재미있다. 동서남북을 일본어로 하가시(ひがし)·니시(にし)·미나미(みなみ)·기타(きた)라고 읽는데, 이것을 5·7·5의 하이쿠 자수에 맞춘 말놀이다. 격한 눈보라 속에서 오히려 긴장감이나 비장감이 없어 보인다. 골계(滑稽)로 읽힌다. "동서남북/ 어디에서건"은 어디에도 정해진 장소가 없어 무의미하게도 느껴지는 상황을 묘사하고 있다. 한편으로는 자연의 맹렬함 앞에 어쩔 수 없다고 받아들이는 자세가 느껴지기도 한다. 계절어는 눈보라(겨울).

동풍이 부네
산 가득히 퍼지는
구름 그림자

하이쿠_078

東風吹くや山一ぱいの雲の影
(こちふくや やまいっぱいの くものかげ)

    봄의 시작인 봄바람의 느낌과 넓게 펼쳐진 산, 그리고 구름의 웅대한 풍경이 융합하여 시적 분위기를 자아내고 있다. 따뜻하다. 눈 앞에 펼쳐진 경치를 있는 그대로 그려내고 있다. 이런 종류의 작품을 '사생(寫生)'이라고 한다. 사생이란 실물이나 경치를 있는 그대로 그리는 것을 말한다. 이 구를 지은 시기는 9월인데, 계절어는 봄으로 볼 수도 있고, 계절어가 없는 것으로 읽을 수도 있다. 일반적으로 동풍은 일본에서는 봄에 부는 바람을 가리키는 경우가 많아, 필자는 계절어를 동풍으로 표기했다. 물론, 당시의 소세키는 계절어에 대해 크게 의식하지 않았을 수도 있다. 소세키 23세 때인 극히 초기의 작품이다. 계절어는 동풍(봄).

화학이란
불꽃을 만드는
기술이런가

하이쿠_079

化學とは花火を造る技ならん
(かがくとは はなびをつくる わざならん)

소세키의 하이쿠에 웬 '화학'이야 할지 모르겠다. 그는 원래 건축가 지망생으로, 수학 성적도 좋았고, 이과 계통의 과목에도 친근함을 갖고 있었다. 이런저런 생각을 하면 이 작품은 흥미롭게 읽힌다. 조금은 유머가 느껴지기도 한다. 불꽃색의 변화나 폭발의 구조를 이해하려면 화학의 지식이 필요하다는 것과 불꽃의 아름다움은 화학적인 원리에 바탕을 둔 기술에 의해 표현된다는 것을 짧은 하이쿠에 담아내려고 한 듯. 계절어는 불꽃(가을).

소라이(徂徠) 기카쿠(其角)
이웃하고 살았네
매화꽃이여

徂徠其角並んで住めり梅の花
(そらいきかく ならんですめり うめのはな)


소라이와 기카쿠는 각각 에도 시대(1603-1868) 중기의 유명한 유학자이며 사상가인 오규 소라이(荻生徂徠, 일설에는 徂来가 바르다고 한다, 1666-1728)와 역시, 하이쿠 시인으로 그 이름이 높았던 다카라이 기카쿠(宝井其角, 1661-1707)를 가리킨다. 이 시는 소세키가 그들이 도쿄의 니혼바시카야바쵸(日本橋茅場町)에 서로 이웃으로 살았다는 고사성어를 바탕으로 만든 것이다. 실제로는 그 두 사람은 서로 면식이 없었다고 한다. "매화꽃"은 다카라이 기카쿠가 지은 "매화꽃 향기여/ 옆집 사는 사람은/ 오규 소에몬(梅が香や隣りは荻生惣右衛門)"이라는 하이쿠에서 가져왔다. 오규 소에몬은 오규 소라이를 가리킨다. 매화꽃 향기가 서로 이웃해 있던 두 집으로 번져가는 듯하다. 계절어는 매화꽃(봄).

사랑을 잊고
아무렇지 않은 듯
밭을 가네

하이쿠_081

忘れしか知らぬ顔して畠打つ
(わすれしか しらぬかおして はたけうつ)

 

사랑에 빠진 남자가 갑자기 사랑을 단념하고 말없이 밭을 갈고 있다는 뜻이다. 아무 일도 없었다는 듯 전혀 신경 쓰지 않고 행동하는 남자에게서 가련함 혹은 애처로움과 함께 골계미도 읽힌다. 이 구는 상상을 통해 얻은 작품이다. 소세키의 자유로운 발상과 표현을 엿볼 수 있다는 점에서 흥미롭다. 계절어는 밭을 가네(봄).

가을 강에서
순백의 돌을
주웠노라

하이쿠_082

秋の川眞白な石を拾ひけり
(あきのかわ ましろないしを ひろひけり)

　가을 강, 그리고 거기에서 주운 순백의 돌, 이 양자의 대조와 조화가 무언가를 생각하게 한다. 순백의 돌에 자신 혹은 누군가의 영혼을 떠올리고 있을까. 순백의 돌은 고대 일본에서 가을을 상징하며, 투명감이나 적요감(寂寥感)을 표현한다고 한다. 적요감은 '쓸쓸하고 고요한 느낌' 또는 '외롭고 적막한 느낌'을 나타내는 말이다. 그래서 이 작품에 대해, 단순한 자연 묘사가 아니라 내면에 있는 적요감이나 공허함, 사물에 대한 체념을 배경으로 한다는 해석도 있다. 계절어는 가을 강(가을).

절에 하숙하며
스무날이 되었네
맨드라미

하이쿠_083

寺借りて二十日になりぬ鶏頭花
(てらかりて はつかになりぬ けいとうか)

    절과 스무날 그리고 맨드라미의 결합은 소세키가 즐기는 고요함과 편안함일 것이다. "스무날이 되었"으면 이미 절 생활에도 익숙해졌을 터. 소세키의 젊은 날의 여유가 느껴지는 것 같아 반갑게 읽었다. 계절어는 맨드라미(가을).

무성한 초원
말을 방목했구나
가을의 하늘

하이쿠_084

草山に馬放ちけり秋の空
(くさやまに うまはなちけり あきのそら)


　웅대한 아소산(阿蘇山), 그 초원에 말들이 방목되어 있다. 말들은 풀을 뜯고 있다. 그것을 구경하고 있던 소세키가 문득 하늘을 올려다보았는데, 거기에 청명한 가을 하늘이 펼쳐져 있는 것이다. 아소산은 화산으로 일본의 산 중에서는 처음으로 외국 문헌에 기재될 만큼 유명한 산이다. 구마모토에 있다. 일본을 대표하는 시인 미요시 다쓰지(三好達治, 1900-1964)도 이곳을 찾은 후, "(전략) 히노쿠니의 오아소산/ 들판에는 푸른 풀 무성하고/ 산꼭대기에 연기 나부끼는 산의 모습은 그 옛날과도 변함없고(후략)"라고 절창한 「구사센리하마(艸千里浜)」라는 시를 남기기도 했다. 계절어는 가을 하늘(가을).

시원함이여
돌을 쥐어보는
손바닥

하이쿠_085

涼しさや石握り見る掌
(すずしさや いしにぎりみる たなごころ)

  오색 자갈로 유명한 고치시(高知市)에 있는 가쓰라해변(桂浜)의 돌을 손바닥에 얹고, 그 상쾌한 감촉을 계절을 나타내는 시어 '시원함'과 함께 조화롭게 풀어낸 작품이다. 계절어는 시원함(여름).

골 깊은 곳에
삼나무 떠내려가네
겨울 강

**하이쿠_086**

谷深み杉を流すや冬の川
(たにふかみ すぎをながすや ふゆのかわ)

　시의 공간을 주목해보자. 누군가는 겨울 강이 흐르는 곳에서 조금 높은 곳에 있었을 것이다. 옛날에는 벌목을 한 다음에 그것을 묶어서 강의 흐름에 따라서 상류에서 하류로 흘려보냈을 터. 또한, 골 깊은 곳에서 목재를 운반해가는 사람들도 목격했으리라. 골 깊은 곳이지만, 무엇보다 얼지 않은 겨울 강, 거기에 삼나무가 이 시에 강한 생명력을 불어넣고 있다. 그것은 자연의 강함과 함께 겨울이라는 엄격함 속에 있는 강인한 생명력을 나타낸다. 소세키의 심정이나 인생관이 표현되어 있다는 시각도 있다. 계절어는 겨울 강(겨울).

나는 때때로  
죽을까 생각한다  
봄밤 으스름

하이쿠_087

吾折々死なんと思ふ朧かな  
(われおりおり しなんとおもふ おぼろかな)

 

봄밤의 으스름과 죽음, 그것은 불투명한 미래와 함께 이승과 저승의 경계가 불분명하게 섞여 있는 느낌이다. 그렇다고 너무 무겁게 읽을 필요는 없을 듯. 으스름이 전해지는 봄밤에 느끼는 상쾌함과 공허감이 서로 살을 섞고 있는 듯하다. 계절어는 봄밤 으스름(봄).

촛불을 끄니
새벽이 다가오네
섣달그믐날

하이쿠_088

燭切って曉近し大晦日
(しょくきって あかつきちかし おほみそか)


　해의 마지막 날인 섣달그믐날 밤, 소세키는 하던 일도 정리하고 겨우 안정을 찾으며 촛대 옆에서 이미 새해도 가까워진 맑은 기운 속에서 신년을 기다린다. 그것은 성스럽고 엄숙한 마음이리라. 계절어는 섣달그믐날(겨울).

겨울나기에  
작은 고양이도  
무사합니다

하이쿠_089

冬籠小猫も無事で罷りある  
(ふゆごもり こねこもぶじでまかりある)

 

고양이도 가족도 모두 겨울나기를 하지만, 가족의 무사함을 고양이의 무사함으로 나타내고 있다. 탈속(脫俗)의 아름다움이 읽힌다. 이 고양이가 후에 『나는 고양이로소이다(吾輩は猫である)』(1905)의 주인공인 그 고양이일까. 필자가 "겨울나기"라고 번역한 후유고모리(冬籠)는 추운 겨울 동안, 집·둥지·흙 속 등에서 틀어박혀 지내는 것을 가리키는 말이다. 계절어는 겨울나기(겨울).

둥근 달 떴네
십삼 엔의 집에
살고 있네

하이쿠_090

名月や十三円の家に住む
(めいげつや じゅうさんえんの いえにすむ)

　소세키가 구마모토에서 살 때의 두 번째 집은 갓파쵸(合羽町)에 있었다. 현재의 지명은 구마모토시 주오구 쓰보이 니초메(熊本市中央区坪井2丁目). 집세가 13엔이면 어느 정도였을까. 후에 교쿄 부인의 "집세가 부담돼서 1년밖에 못 살았다"는 글이 있다. 당시로서는 집세가 싼 집은 아니었다고 한다. 현재 이 집은 없어지고 주차장이 되었다. 이 집에서 소세키는 "교사를 그만두고 단순히 문학적인 생활을 보내고 싶다"는 편지를 시키에게 보냈다고 한다. 이 시를 통해 당시의 집세 가격을 간접적으로 엿볼 수 있는 것도 흥미로워 인용했다. 계절어는 둥근 달(가을).

하이쿠_091

짙은 빛으로
음력 3월의 구름
흘러가누나

濃やかに弥生の雲の流れけり
(こまやかに やよいのくもの ながれけり)

일본에서 야요이(弥生, やよい)는 음력 3월의 다른 말이다. 오늘날에는 양력 3월의 다른 말로 사용되는 경우도 많다. '두루 미치다'는 뜻을 가진 한자가 미(弥)다. 정자체는 彌. 늦은 봄날, 깊어가는 계절에 꽃과 녹음뿐만 아니라, 구름 색까지 짙게 보이는 날씨를 즐기는 듯하다. 계절어는 음력 3월(봄).

아지랑이가
흔들흔들하네
풀밭 위

陽炎の落ちつきかねて草の上
(かげろうの おちつきかねて くさのうえ)

 아지랑이는 소세키에게 어떻게 인식되었을까. 흔들흔들하는 동작을 하며 안정감이 없는 것으로 보였을까. 풀밭에 앉아서 아지랑이가 있는 풍경에 소세키와 같이 있고 싶은 충동을 느끼며 읽었다. 계절어는 아지랑이(봄).

# 4부

두견새여
나가기 어려웠네
똥 누느라고

**時鳥厠半ばに出かねたり**
(ほととぎす かわやなかばに でかねたり)


　당시 세간에서 화제가 된 작품이다. 무엇보다 재미있다. 두견새의 목소리를 들었으나, 똥 누느라고 그 목소리도 그 모습도 보러 갈 수 없어서 유감이라는 뜻이다. "똥 누느라고"는 '뒷간에서 볼일 본다'는 뜻이다. 변소, 화장실을 당시에는 뒷간이라고 불렀다. 원문에 나오는 한자 측(厠)은 뒷간 '측'. 두견새는 당시의 수상 사이온지 긴모치(西園寺公望, 1849-1940)를 가리킨다. 풍류를 좋아하는 재상으로 이름이 높았던 그는 자신의 집으로 저명한 문학인을 초대했지만, 소세키는 당시 〈도쿄아사히신문(東京朝日新聞)〉에 소설 『우미인초(虞美人草)』(1908)를 집필 중이라는 이유 등을 들어 응하지 않았다. 상대를 두견새, 라고 치켜세워 주고는 있지만, 마음은 가고 싶지 않았던 것. 막부 토벌군의 인솔자였던 사이온지 긴모치에 대한 생각의 일단을 엿볼 수 있다. 계절어는 두견새(여름).

가을바람아                   하이쿠_094
도륙당하러 가는
소의 엉덩이

秋風や屠られに行く牛の尻
(あきかぜや ほふられにいく うしのしり)

   소세키의 문학적 능력을 보여주는 작품으로 자주 인용된다. 요즘은 트럭에 실려 도륙당하러 가는 소들의 모습을 볼 수 있다. 그 당시에도 그런 광경을 볼 수 있었는지 알 수 없지만, 이 작품은 소세키가 직접 소가 도륙당하러 가는 광경을 목격하고 지은 것은 아닐 듯. 가을에 치질 수술을 받은 일을 회상하며 지었다고 전해진다. 위궤양으로 입원과 퇴원을 되풀이하던 때에 발병한 치질을 고려하면, "소의 엉덩이"는 소세키 자신의 엉덩이로 읽힌다. 즉, 가을바람에 도륙당하러 가는 슬픈 소에 자신을 비유하며 희화화하고 있다. 재미와 함께 애잔함도 감지된다. 계절어는 가을바람(가을).

나팔꽃이여
한눈에 반한 여성도
이틀 사흘

하이쿠_095

朝貌や惚れた女も二三日
(あさがおや ほれたおんなも にさんにち)

　무척이나 흥미롭게 읽힌다. 남성들에게 한눈에 반한 여성도 이틀 사흘이 지나면 그 감정이 식어갈까에 대한 상투적인 질문을 던지는 듯하다. 원문에 나오는 시어 "조모(朝貌)"는 '아침의 모습', '아침의 얼굴'이라는 뜻으로 나팔꽃을 가리킨다. '조안(朝顔)'이라고도 쓴다. 조모도 조안도 모두 '아침의 얼굴'이란 뜻으로 이해하면 된다. 이 시는 나팔꽃인 '아침의 얼굴(朝顔)'을 '같이 밤을 보낸 여성이 아침에 일어났을 때의 얼굴'에도 사용하고 있다. 즉, 그 여성을 나팔꽃에 비유한 것, 그것이 이 작품의 매력이다. 골계미(滑稽美)에 절로 웃음이 나온다. 읽는 시각에 따라서는 사랑은 덧없는 것이라는 해석도 할 수 있겠다. 흥미로운 것은 이 작품이 미녀와의 연애 관계로 고심하던 소세키의 문하생이었던 마쓰네 도요조(松根東洋城, 1878-1964) 앞으로 보낸 편지 속의 한 편이라는 사실. 계절어는 나팔꽃(가을).

있는 대로
국화를 관 속에다
던져 넣어줘

あるほどの菊抛げ入れよ棺の中
(あるほどの きくなげいれよ かんのなか)


이 작품 역시 잘 알려진 것이다. 소세키가 사랑했던 여인의 죽음을 애도하는 작품이기 때문이다. 관 속의 주인공은 재색을 겸비했던 여성으로 가인으로 잘 알려진 오쓰카 구스오코(大塚楠緒子, 1875-1910). 그녀가 35세의 젊은 나이로 세상을 떠났다는 비보를 접했지만, 소세키 자신은 입원 중이라 장례식에 갈 수 없었다. 그래서 있는 대로 국화를 관 속에다 던져 넣어주었으면 하는 바람을 담아 이 작품을 남겼다. 일본어 '나게루(抛げる)'는 '던진다'고 번역했지만, 한자를 달리하는 '나게루(投げる)'보다 더 절박한 마음이 담긴 것으로 인식된다. 포(抛)는 '내던지다'는 뜻이다. 소세키의 하이쿠에서는 찾아보기 쉽지 않은 격한 감정이 이 시에 작동하고 있다. 그것은 그녀와의 결별을 슬퍼하는 애절함이리라. 계절어는 국화(가을).

봄날의 강을
사이에 두고 멀어진
남자와 여자

春の川を隔てゝ男女哉
(はるのかわを へだてて おとこ おんなかな)

　역시 대중에게 잘 알려진 작품으로 한국인이 관심을 갖고 읽어볼 만하다. 시의 공간적 배경은 교토다. 소세키가 교토를 방문한 것은 모두 네 번이다. 네 번째 방문은 1915년(다이쇼 4년). 그때 그는 찻집의 주인인 옛날 기생이었던 이소다 다타카(磯田多佳)를 알게 된다. 평소 소세키의 아내인 교쿄는 농담을 잘 들어주지 않았지만, 이 여성은 잘 들어주었다고 한다. 의기투합한 두 사람. 어느 날 둘이서만 만나기로 했지만, 결국은 서로 엇갈리는 바람에 만나지 못하게 된다. 숙소에서 가모가와강(鴨川)을 사이에 두고 이소다 다타카를 생각하며 이 구를 지었다. 들뜬 마음으로 그녀를 만나고 싶어 했던 소세키의 아쉬움 같은 것이 이 작품에 흐르고 있다. 그래서 봄날의 강은 그 정조가 깊다. 교토를 흐르는 가모가와강(鴨川) 부근에는 이 하이쿠 비가 있다. 한편, 교토의 도시샤대학(同志社大学)에 유학했으며 후에 한국을 대표하는 시인의 한 사람이 된 정지용(1902~1950) 시인도 "압천 鴨川 십리벌에/ 해는 저물어…… 저물어……// 날이 날마다 님 보내기 날이 자졌다……/ 여울 물소리……(후략)"로 시작하는 시 「압천(鴨川)」을 남겼다. 가모가와강의 한자가 우리 음으로 압천이다. 1927년 작품이다. 계절어는 봄날의 강(봄).

바람에 물어라
먼저 질 나뭇잎은
어느 것인지

風に聞けいずれか先に散る木の葉
(かぜにきけ いずれかさきにちる このは)

 

소세키는 1910년 8월에 슈젠지(修善寺)로 요양을 떠나지만, 거기에서 병이 악화돼 각혈을 일으키며 위독한 상태가 된다. 이것이 그 유명한 '슈젠지의 대환(修善寺の大患)'이다. 대환은 큰 병이라는 뜻이다. 이 일은 그 후 소세키의 작품 세계에도 적지 않은 영향을 준다. 이 구는 소세키가 슈젠지에서 각혈하며 생사를 헤매고 있을 때, 죽어야 할 자신은 죽지 않고 살아났고, 환자의 목숨을 구해야 할 병원 원장은 죽었던 그때의 슬픈 기억을 담아낸 것이다. 이 슈젠지에서의 경험을 소세키는 '생각나는 일 등(思ひ出すことなど)'이라는 제목으로 1910년(메이지 43) 10월 29일부터 1911년 2월 20일까지 33회에 걸쳐 〈도쿄아사히신문(東京朝日新聞)〉에 연재하고 있다. 여기에 하이쿠 외에 한시 등을 삽입했다. 이 작품도 그중의 하나다. "먼저 질 나뭇잎"은 죽음을 가리킨다. 후에 소세키는 '칙천거사(則天去私)'라는 유명한 말을 남겼다. 하

늘에 따르고 나를 버리라는 뜻으로, 즉, 사리사욕을 버리고 자연의 커다란 흐름에 몸을 맡기라는 것. "바람에 물어라"라는 명령형 표현에는 그런 깊은 뜻이 내재되어 있는 듯. 계절어는 나뭇잎(가을).

불을 끄니
서늘한 별들이여
창으로 드네

하이쿠_099

灯を消せば涼しき星や窓に入る
(ひをけせば すずしきほしや まどにいる)

 

잘 알려진 작품의 하나다. 이 구를 지었을 때 소세키는 건강이 좋지 않아 위장 병원에 입원 중이었다. 1년쯤 전에 피를 토하고 생사의 기로에 섰던 그에게 절대 안정이 필요했다. 그래서 오로지 병실의 창밖 세계를 보고 있었을 터. 병실에서 잠을 청하려고 불을 끄자, 창문에 별이 뜬다. 바로 그때의 느낌을 "창으로 드네"라고 표현했다. 독자의 입장에서는 시의 흐름에 반전 효과가 일어난 것. 별빛이 품고 있는 안도감이 소세키의 마음을 감싸는 듯하다. 계절어는 서늘한(가을).

이별이구나
꿈의 한 줄기인
은하수

하이쿠_100

別るるや夢一筋の天の川
(わかるるや ゆめひとすじの あまのかわ)

 

소세키의 하이쿠가 그 깊이를 더해간다는 평가를 받은 작품의 하나로, 소세키가 요양 갔을 때 지은 것이다. 몇 번이나 자신을 병문안하러 찾아온 자신의 문하생인 마쓰네 도요조(松根東洋城, 1878-1964)와 헤어졌을 때의 심경을 "이별이구나"에 담아냈다. 그러나 그는 이별의 순간, 은하수를 올려다보며 그 한 줄기 흐름을 자신의 꿈에 겹쳐 놓는다. "이별"과 "꿈의 한 줄기"를 같이 배치함으로써 그 감정이 깊어지는 양상으로 번져간다. 밤하늘에 펼쳐지는 은하수의 아름다움, 거기에 겹쳐 놓은 꿈의 이미지가 이별의 감정에 깊이와 넓이를 더해준다. 계절어는 은하수(여름에서 가을).

병도
오래되어 버렸네
유자는 노래져

하이쿠_101

いたつきも久しくなりぬ柚は黄に
(いたつきも ひさしくなりぬ ゆずはきに)

　유자가 노래졌다. 그것은 계절의 추이를 나타낸다. 유자가 노랗게 될 만큼 긴 병중이었다며 그 감회를 느끼며 읊은 작품이다. 소세키 곁에 붙어 있었던 간호사가 그에게 "이제 저 유자가 노랗게 되었습니다. 모레는 도쿄로 돌아갈 일정입니다"라는 말을 한 데서 이 구가 만들어졌다고 한다. 계절어는 유자(가을).

무인도에서
왕이 된다면
상쾌해지겠지

無人島の天子とならば涼しかろ
(むじんとうの てんしとならば すずしかろ)


　육지에서 아주 멀리 떨어져 있는 외딴섬을 가리키는 말에 '절해고도(絶海孤島)'가 있다. 그런 곳에서 홀로 군림하는 왕이 된다면 마음이 평온해지고 상쾌해지리라라는 뜻이다. 복잡한 세상에서 벗어나 고독하지만 자유롭게 자신이 원하는 대로 행동할 수 있는 경지를 꿈꾸는 심경이 읽힌다. 번잡한 세상살이에 반발하는 기분일까. 작품의 밑바닥에 흐르는 소세키의 마음이 조금은 우울하게 느껴진다. 계절어는 상쾌함(여름).

입추로구나
한 권의 책을 마저
읽지 못했네

하이쿠_103

秋立つや一巻の書の読み残し
(あきたつや いっかんのしょの よみのこし)

독자에게 잘 알려진 유명한 작품이다. 가을은 왔지만 다 읽으려 했던 책을 다 읽지 못하고 남았다는 뜻이다. 이 구는 소세키가 소설 『명암(明暗)』(1916)을 집필하다가 쓰러지기 3개월 전에 쓴 것으로, 그가 아쿠타가와 류노스케(芥川龍之介, 1892-1927)에게 보낸 편지 속에 쓰인 작품이다. 소세키는 죽기 3개월 전, 아쿠타가와 류노스케의 소설 「참마죽(芋粥)」(1916)을 편지로 비평하며, "다음 세대를 짊어질 작가"라고 격려하기도 했다. 다 읽으려 했던 책을 다 읽지 못하고 남았다는 것은 아직도 소세키 자신은 해야 할 일, 하고 싶은 일이 남아 있다는 뜻으로도 읽히지만, 동시에 자신이 살아온 삶에 대해서 후회도 하지 않고 부끄러움도 없고 만족하기도 한다는 심경도 전해진다. 계절어는 입추(여름).

죄도 기뻐라
두 사람에게 걸린
으스름달아

罪もうれし二人にかゝる朧月
(つみもうれし ふたりにかかる おぼろづき)


셰익스피어의 『로미오와 줄리엣』을 하이쿠의 소재로 삼은 작품이다. 당시로 보면, 아마도 영국에 유학하여 영문학을 공부한 사람은 소세키가 유일하지 않았을까. 로미오는 가면무도회 뒤 줄리엣을 만나고 싶어, 몰래 숨어 들어가 창가에서 줄리엣을 재회한다. 그리고 "줄리엣이여, 나는 과일나무 가지 끝을 은빛으로 물들이는 저 축복받은 달에게 맹세컨대"라며 줄리엣에게 속삭인다. 소세키는 바로 이 장면을 하이쿠로 엮어냈다. "으스름달"은 시간적·공간적으로 남의 눈을 피하는 느낌이 든다. 이것이 이 작품에서 발휘된 소세키의 배치 능력이 아닐까. 계절어는 으스름달(봄).

해골을
두드려 보는
제비꽃인가

骸骨を叩いて見たる菫かな
(がいこつを たたいてみたる すみれかな)

 

독특한 느낌으로 읽힌다. 또한 많은 생각을 하게 한다. 작품의 배경이 된 다음의 두 가지를 통해 시에 담긴 뜻을 헤아려보자. 첫째, 이 구는 1599년과 1601년 사이에 쓰인 것으로 셰익스피어의 4대 비극 중에서도 가장 유명하고 대중적이란 평을 듣는 『햄릿』을 하이쿠의 소재로 삼고 있다. 『햄릿』의 제4막 제5장에서는 정신이 이상해진 오필리아가 국왕이나 왕비들에게 꽃을 나누어주는데, 그중에는 제비꽃도 섞여 있었다. 또한, 자살한 오필리아에게 장례 절차는 허용되지 않는다고 목사가 주장할 때, 오필리아의 오빠 레어티즈가 격노하며 소리친다. "오필리아를 묻어라. 그 아름다운, 때 묻지 않은 몸에 제비꽃이 피도록." 소세키는 이 장면을 하이쿠에 접목한 것일까. 둘째, 옛날 일본에는 장송(葬送, 죽은 자를 보내는 일)한 후 다음 날 아침에 화장한 뼈를 주워 그릇에 담는 풍습이 있었다고 한다. 그 광경을 떠올려보자. 그러니까 하룻밤은 뼈가 그대로 놓여 있었던 것. 여기에 해골 옆에 있던 제비꽃이 머리를 숙이고 있는 모습이 마치 기도를 하는 것처럼 보였을지도 모른다. 즉, 하룻밤 놓아둔 것에 대해서 제비꽃이 지켜봐 주고 있다고 안심하는 마음이 바탕에 흐르고 있다. 이런 두 가지를 바탕으로 소세키는 자신이 좋아했던 꽃인 제비꽃을 오필리아의 이미지와 겹쳐 놓으며 환생한 것으로 생각하지 않았을까. 이 책의 앞에서 기발함으로 탄성을 자아낸 작품 "제비꽃만큼/ 작은 사람으로/ 태어났으면"에도 환생에 대한 생각의 일단을 엿볼 수 있었다. 이처럼 소세키에게 하이쿠의 소재가 된 제비꽃은 읽는 이에게 이런저런 생각을 하게 한다. 물론, 필자가 인용한 작품 "해골을/ 두드려 보는/ 제비꽃인가"를 두고도 다양한 해석이 가능하다는 점을 말해두고 싶다. 17자에 숨겨진 뜻은 우리에게 상상의 날개를 펴게 한다. 계절어는 제비꽃(봄).

하쿠보탄주(白牡丹酒)  하이쿠_106
이백(李白)의 얼굴을
무너뜨렸네

**白牡丹李白が顔に崩れけり**
(はくぼたん りはくがかおに くずれけり)




    하쿠보탄주(白牡丹酒)가 이백의 얼굴을 무너뜨릴 정도로 맛있다는 뜻으로 읽어야 할 듯. 이백은 후세에 시선(詩仙)으로 불렸을 만큼 유명한 당나라 중기 때의 시인이다. 그는 술을 좋아하고 자유분방한 삶을 살았다. 하쿠보탄주는 소세키 외에 여러 저명인사로부터 사랑받았던 술로, 당시, 하쿠보탄주의 사장과 친했던 소세키는 평소 술을 마시지는 않았지만, 이 구를 지으며 이 술만은 조금 마셨다고 한다. 한편으로는 하쿠보탄(白牡丹)의 원래 뜻인 '하얀 모란'이 갖는 아름다움과 이백의 분방한 삶이 대비되어 읽는 이에게 깊은 인상을 주기도 한다. 계절어는 하얀 모란(여름).

문득 흔들리는
모기장을 맨 끈
오늘 아침의 가을

하이쿠_107

ふと揺れる蚊帳の釣手や今朝の秋
(ふとゆれる かやのつりてや けさのあき)

무척이나 감각적이고 섬세한 작품이다. 요양하러 간 슈센지에서의 각혈로 한때는 위독했던 소세키가 회복하고 난 후 지은 첫 작품으로 알려져 있다. 모기장을 설치하는 방, 그 구석 네 곳에 쇠 장식을 꽂고 거기에 고리나 끈을 걸어 늘어뜨렸는데, 문득 그 끈이나 고리가 가늘게 흔들리는 것이 아닌가. 그 모습을 놓치지 않고 포착해 하이쿠로 옮겨 놓았다. 그 흔들림에는 병을 회복하여 어디론가 달아나고자 하는 느낌이 전해온다. 이 구는 드물게도 계절어가 2개 겹쳐 있다. "모기장"은 여름이고, "오늘 아침의 가을"은 가을이다. 그것은 여름 동안에는 누워서 지냈는데, 시간이 흘러 가을이 되었다는 뜻이리라. 환자의 입장에서는 계절의 추이가 될 듯. 계절어는 2개. 모기장(여름), 가을(가을).

가을바람이
들리지 않는 땅에
묻어주었다

秋風の聞こえぬ土に埋めてやりぬ
(あきかぜの きこえぬつちに うめてやりぬ)

　가을바람을 피부로 느끼는 것이 아니라, 듣는 것에 초점을 맞추고 있기 때문일까, 이 구에서 특별하게 읽히는 곳은 "들리지 않는 땅"이다. 이승에서의 바람 소리조차 잊어버리고 영면하라는 뜻일까. 시어에 담긴 의미가 묵직하게 전해지며 이런저런 생각을 하게 한다. 소세키는 고양이로 유명한데, 그가 개를 키웠나 라는 의문이 들 수도 있다. 그가 키운 개의 이름은 헤쿠토(한국어라면 '헥토'라고 불렀겠지만). 그리스 신화에 나오는 영웅의 이름 헥토르의 이름을 따서 붙인 것이다. 프리아모스 왕의 맏아들이자 트로이군 총사령관으로 지략과 용기를 겸비한 고귀한 성품의 장수다. 그러나 소세키는 헤쿠토가 2년 만에 죽자, 그 슬픔을 달래기 위해 이 구를 지었다. 말하자면 진혼곡이다. 생전에 소세키는 부인 교코와의 사이에 2남 5녀를 두었다. 그러나 다섯째 딸이 불과 한 살의 나이로 죽자, 그 슬픔이 매우 컸다. 그때 키우던 개가

헤쿠토였다. 헤쿠토에게서 딸을 잃은 마음을 조금은 위로받았겠지만, 이 구에는 딸을 잃은 슬픔도 담긴 듯하다. 헤쿠토에 관한 얘기는 그의 소설 『유리문 안(硝子戶の中)』(1915)에도 언급되어 있다. 계절어는 가을바람(가을).

하이쿠_109

안개가 뿌연
도시에 움직이네
임의 그림자

霧黄なる市に動くや影法師
(きりきなる いちにうごくや かげぼうし)

마사오카 시키는 소세키가 영국 유학 중이던 1902년(메이지 35년) 9월 19일에 35세로 타계했다. 그의 죽음에 관한 것은 소세키가 귀국하기 불과 며칠 전에 들었다. 시키는 오랜 벗이었으며, 하이쿠의 스승이었다. 이 구는 '런던에서 시키의 부음을 듣고'라는 시키를 추모하는 작품 다섯 구 중의 하나다. 20세기 초 세계 제일의 도시였던 런던은 석탄을 태우는 매연에 싸여 있던 그런 도시였다. 런던에 살던 그가 누렇고 선명하지 않은, 안개 낀 거리를 걸으며, 죽은 벗을 그리워하는 마음을 나타낸 작품이다. 소세키의 슬픔이 읽힌다. 계절어는 안개(가을).

가을 강에
박아넣는 말뚝의
울림이로세

하이쿠_110

秋の江に打ち込む杭の響かな
(あきのえに うちこむくいの ひびきかな)

    역시 소세키의 하이쿠가 그 깊이를 더해간다는 평가를 받고 있는 작품이다. 병상에 누워 죽음에 직면했던 소세키가 다시 살아나 말뚝 박아넣는 소리를 듣고 있는 모습을 떠올려보자. 하늘에 울려 퍼지는 그 소리를 상상해보라. 자연 속에서의 작은 행동이 얼마나 영향을 미치는가를 시사하고 있다. 자연과의 조화나 자신의 존재 의의를 다시 생각하고 바라보는 계기를 부여하고 있다. 소세키 특유의 감수성이나 사색의 깊이가 돋보인다. 계절어는 가을 강(가을).

어깨에 앉네
사람이 그립구나
고추잠자리

肩に来て人懐かしや赤蜻蛉
(かたにきて ひとなつかしや あかとんぼ)

 

소세키 만년의 높은 경지를 보여주는 대표작의 하나로 손꼽힌다. 역시 '슈젠지의 대환'을 겪은 후의 작품이다. 그렇게 죽을 고비를 넘기고 다시 살아난 사람이 올려다보는 하늘과 거기에 날고 있는 고추잠자리는 어떤 의미로 받아들여질까. 서경과 서정, 대자연과 자신, 그리고 고추잠자리를 중심으로 융합하고 있다. 계절어는 고추잠자리(가을).

하이쿠_112

싸늘한 맥을
잘 지켜주었네
새벽녘까지


冷やかな脈を護りぬ夜明方
(ひややかな みゃくをまもりぬ よあけがた)


슈센지에 와서 요양 중에 많은 각혈을 한 바로 다음 날에 쓴 것이다. 생사의 고비를 넘기긴 했지만, 소세키 자신의 목숨은 여전히 불안하게 이어지고 있다는 느낌으로 읽힌다. 이때 쓰인 하이쿠는 소세키 하이쿠의 최고봉을 나타내는 것이 많다는 평가가 지배적이다. 계절어는 싸늘함(가을).

목련꽃뿐인

하늘, 눈 크게 뜨고

바라보노라

木蓮の花計りなる空を瞻る
(もくれんの はなばかりなる そらをみる)



이 작품은 소설 『풀베개(草枕)』(1906) 속에 실려 있는 것으로 수작으로 꼽힌다. '풀베개'라는 말은 '풀로써 베개를 삼는다'는 뜻으로 여행을 상징한다. 소세키 자신이 이 소설을 '하이쿠적 소설'이라고 말하고 있다. 소설 속 주인공인 화가는 도쿄에서 구마모토현의 어느 한적한 시골 마을 나코이온천(那古井溫泉)으로 여행을 떠난다. 그는 세상에는 싫은 사람이 많이 있다고 초조해하지만, 여행지에서 만난 커다란 목련을 보며 마음의 위안을 얻는다. 다음의 구절이 그것이다. "목련 가지는 아무리 겹쳐도 가지와 가지 사이에는 시원스럽게 틈이 있다. 목련은 나무 아래에 선 사람의 눈을 어지럽게 할 정도로 잔가지를 쓸데없이 뻗지 않는다. 꽃마저도 밝다." 또한, "한결같이 흰 것에는 유난히 사람의 눈을 뺏는 기교가 보이지만, 목련의 색은 그렇지 않으며, 따사로운 맛이 나는 엷은 황색으로 그윽하고 고상하게 자신을 낮추고 있다"(오석륜 옮김, 『풀베개』, 2024, 책세상, 151-152쪽). 이 구는 그렇게 얻어진 것이다. 이 구에 쓰인 '보다'는 뜻의 볼 '첨(瞻)'자는 한시의 어휘로, '눈을 크게 뜨고 본다'는 뜻이다. 계절어는 목련(봄).

꽃 그림자
몽롱한 여자의
그림자인가

하이쿠_114

花の影女の影の朧かな
(はなのかげ おんなのかげの おぼろかな)

역시 소설 『풀베개(草枕)』에 나오는 하이쿠다. 소설에서는 여주인공인 '나미'가 자유분방한 성격의 재기발랄한 여성으로 묘사된다. 화가로 등장하는 남자 주인공은 그런 여주인공의 강렬한 개성과 분방한 언동에 놀라면서도 그녀를 그림으로 그려보려 한다. 하지만, 도저히 그려낼 수 없었다. 그러던 차에, 그에게 해당화의 그림자가 보이고, 더하여 그 그림자 주변에 여자 주인공의 그림자도 보이게 된다. 그 모습은 실루엣. 환상적이고 아름답다. 또한 불가사의한 느낌으로도 다가온다. 이런 구도 속에 만들어진 하이쿠가 바로 이 작품이다. 해당화와 여인을 같이 배치한 조합은 이 작품을 환상적이고 아름답게 한다. 꽃이 아름답고 특유의 향기를 지닌 해당화를 떠올리며 이 작품을 감상하면 더 좋을 듯. 계절어는 해당화(봄).

꽃 그림자
여인의 그림자가
겹쳐진 건가

花の影女の影を重ねけり
(はなのかげ おんなのかげを かさねけり)



    역시 소설 『풀베개(草枕)』에 나오는 하이쿠. 앞의 구와 같은 상황을 떠올리자. 이 구도 해당화 그림자와 여인의 그림자가 겹쳐진 것을 남자 주인공의 시각으로 읊은 것이다. 소설 속 여자 주인공이 해당화로 착각될 만큼 무척이나 아름답다는 뜻으로 읽힌다. 역시, 소설 속에서 이 여인을 묘사하는 "해당화의/ 요정이 나타나는/ 달밤이런가(海棠の精が出てくる月夜かな)"라는 하이쿠도 있다. 계절어는 해당화(봄).

봄밤의 별이
떨어져 한밤중의
비녀인가

하이쿠_116

春の星を落として夜半のかざしかな
(はるのほしを おとしてよわの かざしかな)

　역시 소설 『풀베개(草枕)』에 나오는 하이쿠. 소설 속 여주인공의 머리에 장식하고 있는 비녀를 봄밤에 떨어진 별로 그려내고 있다. 별이 뜬 봄날의 밤하늘과 그 아래에서 길을 걷는 여인, 그리고 그 여인의 비녀가 반짝거리며 시 한 편을 아름답게 빚어내고 있다. 역시 소설 속의 "봄밤의 구름에/ 적시누나 감고 난/ 풀어진 머리(春の夜の雲に濡らすや洗髪)"도 소설 속 여인의 모습을 아름답게 묘사하는 작품이다. 계절어는 봄밤(봄).

무위무관(無位無冠)의
남자도 배에 탔네
봄바람

冠せぬ男も船に春の風
(かぶりせぬ おとこもふねに はるのかぜ)

무위무관(無位無冠)을 한자어 그대로 풀면, 이렇다 할 만한 지위에 있지 않다는 뜻이다. 이 구에서는 신문기자를 가리킨다. 오사카아사히신문사(大阪朝日新聞社)의 기자 도리이 소센(鳥居素川, 1867-1928)은 소세키를 이 신문사와 인연을 맺게 해준 사람이다. 그는 이 해, 영국 황제 대관식에 파견되었다. 당시는 가난했던 때라 일본에서 유럽이나 미국으로 갈 때는 많은 관비(官費)가 필요했다. 소세키는 그렇게 출항하는 민간의 대표인 신문기자 동료의 멋진 모습을 하이쿠에 담아냈다. 봄바람은 동풍의 의미다. 그래서 서쪽, 즉 유럽으로 먼 길 떠나는 배가 무사히 순항하기를 바라는 뜻도 담겨 있다. 후에 소센은 자신의 저서 『손으로 턱을 괴고(頬杖つきて)』(1912)에 이 소세키 하이쿠의 색지 사진판을 게재했다. 계절어는 봄바람(봄).

내 그림자　　　　　　　　　　　　　하이쿠_118
찬 바람 불며 길어진
메마른 들판


**吾影の吹かれて長き枯野かな**
(わがかげの ふかれてながき かれのかな)


　등 뒤에서 불어오는 찬 바람과 함께 점점 그림자가 늘어가고 있다. 그 모습을 상상하면 될 듯. 소세키는 어느 겨울날, 아마도 메마른 들판을 걸으며 길게 늘어진 자신의 그림자를 보았을 것이다. 작품에서는 고독이 느껴진다. 동시에 풍자와 해학의 수법으로 우스꽝스러운 상황을 묘사한 골계미(滑稽美)도 느껴진다. 시적 깊이는 거기에 있다. 계절어는 찬 바람(겨울).

나팔꽃
이파리의 그늘에
고양이 눈알인가

朝貌の葉影に猫の眼玉かな
(あさがおの はかげにねこの めだまかな)

햇살이 비치는 아침에 고양이가 "나팔꽃/ 이파리의 그늘에" 숨어 있다. 그것을 포착한다. 이어서 고양이가 무엇을 응시하고 있는지를 살피는 것 같다. 그런 장면을 떠올려보자. 고양이는 소세키의 대표작의 하나인 『나는 고양이로소이다(吾輩は猫である)』(1905)의 소재가 된 것처럼 그에게 복을 가져다준 존재로 인식된다. 계절어는 나팔꽃(가을).

국화 한 송이
그려서 보내네
자네의 가절(佳節)이여

하이쿠_120

**菊一本画いて君の佳節哉**
(きくいっぽん えがいて きみの かせつかな)


　가절(佳節)은 아름다운 계절이라는 뜻이다. 보통 9월 9일은 중양절(重陽節)이라 해서 장수를 축하하며 국화를 장식했다. 그러나 벗의 장수를 축하하는 기분을 국화꽃 대신에 국화꽃 한 송이를 그려서 보내겠다고 하니, 거기에 아름다움과 따뜻한 마음이 녹아있다. 아, 이 그림을 받은 벗은 어떤 기분이었을까. 아름다운 계절, 즉 가절이 될 것이 분명하다. 이처럼 소세키는 그림도 그렸다. 물론, 예나 지금이나 국화는 장수의 상징이었다. 계절어는 국화 한 송이(가을).

표주박 바가지
울릴까 안 울릴까
가을의 바람

瓢箪は鳴るか鳴らぬか秋の風
(ひょうたんは なるかならぬか あきのかぜ)

 소세키의 마지막 하이쿠로 알려져 있다. 중국의 고사를 바탕으로 하고 있다. 어떤 사람이 아무런 도구를 갖고 있지 않은 사람에게 술을 표주박에 넣어 보냈다. 그걸 받은 사람은 크게 기뻐하며 술을 다 마셨다. 그리고 표주박이 비게 되자, 표주박은 이제 쓸모없다며 나뭇가지에 동여 매달았다. 그때 바람이 불어 표주박이 시끄러워진다. 결국에는 그것을 버리고 만다. 이 고사와 관련하여, "내가 가르쳐준 것을 그대들은 받아들였는가. 그렇지 않으면 표주박처럼 버리고 말았는가." 그런 기분에서 이 구를 지었다는 평가가 설득력 있게 들린다. 이 구는 어느 선승에게 보낸 편지에 썼던 작품이다. 계절어는 가을바람(가을).

하늘로 사라지는
방울의 울림이여
봄의 탑

하이쿠_122

空に消ゆる鐸のひびきや春の塔
(そらにきゆる たくのひびきや はるのとう)

"적막한 고탑(孤塔) 높은 곳에서 방울이 홀로 울고 있는데, 그 소리는 우러러볼 틈도 없이 하늘로 사라져버렸기에 봄은 쓸쓸하다"는 뜻이라고 소세키 자신이 설명하고 있다. 즉, 우러러볼 만큼 뛰어난 재능을 가졌던 훌륭한 친구가 방울 소리처럼 덧없이 하늘로 사라져 갔다는 것이다. 소세키의 애통한 마음이 읽힌다. 그 친구는 요네야마 야스사부로(米山保三郞, 1869-1897). 수재로 특히 철학·수학에 빼어났지만 28세로 요절했다. 처음에 건축가가 되려고 했던 소세키에게, "일본에서는 아무리 뛰어나도 런던의 세인트 폴 대성당과 같은 건물을 후세에 남길 수 없어. 그보다도 아직 문학 쪽이 생명이 있어" 하며, 영문학으로 진로 변경을 한 계기를 만들어준 인물이다.『나는 고양이로소이다(吾輩は猫である)』(1905)에 등장하는 인물인 천연거사(天然居士)는 바로 이 친구를 모델로 한 것으로 알려져 있다. 계절어는 봄의 탑(봄).

아침 추위여                   하이쿠_123
살아있는 뼈를
움직이지 않고

朝寒や生きたる骨を動かさず
(あささむや いきたるほねを うごかさず)

이 작품도 슈젠지에서의 각혈 다음 날 아침에 느꼈던 추위를 읊은 것. 소세키는 다시 살아났을 때의 일을, "그날 아침, 잠에서 깨어났을 때의 첫 번째 기억은 실로 내 전신에 온통 뼈의 고통 소리가 가득했다", "얼마 지나자 머리가 마비되기 시작했다."라고 기록하고 있다. 계절어는 아침 추위(가을).

가을 하늘은
엷은 남빛으로 맑고
삼나무에 도끼 소리

하이쿠_124

秋の空浅黄に澄めり杉に斧
(あきのそら あさぎにすめり すぎにおの)



역시 소세키가 요양 중에 지은 작품으로 "삼나무에 도끼 소리"는 삼나무에 도끼질하는 소리가 들린다는 뜻. 소리(청각)가 아픈 몸으로 침투하는 느낌으로 읽힌다. 건강할 때는 대수롭지 않았던 도끼 소리가 몸이 좋지 않으니 크게 들렸을까. 당시 그는 소리에 민감했던 것 같다. 계절어는 가을 하늘(가을).

쇠약해진 몸  
밤 추위 밀려오네  
빗소리 들리고

衰へに夜寒逼るや雨の音  
(おとろへに よさむせまるや あめのおと)

 

병이 든 몸과 밤 추위, 거기에 배치된 빗소리로 안타까움과 슬픔이 계속되고 있는 것처럼 다가온다. 그러나 슈센지에 와서 요양 중에 많은 각혈을 한 후, 조금씩 회복해가던 병상에서의 심경을 읊고 있다는 해석도 있다. 계절어는 밤 추위(가을).

살아서 우러러보는
넓은 하늘이여
고추잠자리

하이쿠_126

生きて仰ぐ空の廣さよ赤蜻蛉
(いきてあおぐ そらのひろさよ あかとんぼ)

    슈센지에서 다량 각혈을 하고 죽음의 문턱에서 살아서 돌아온 소세키가 맑게 갠 넓은 하늘에 날아다니는 고추잠자리를 쳐다보며 살아있음을 실감한다. 고추잠자리에 회생의 기쁨을 의탁한 느낌이 든다. 계절어는 고추잠자리(가을).

양복이어라
가을 장례식에
가지 못하고

筒袖や秋の柩にしたがはず
(つつそでや あきのひつぎに したがはず)

    소세키는 영국에 있었다. 마사오카 시키가 세상을 등졌을 때, 그는 사랑하는 벗의 장례식에 참석하지 못하는 안타까움을 이렇게 표현했다. 그러니까 조의(弔意) 성격의 작품이다. 유학하던 런던에서 시키의 죽음을 알게 된 소세키는 모두 다섯 구의 하이쿠를 지어 시키의 제자인 다카하마 교시 앞으로 편지를 보낸다. 앞에서 소개한 "안개가 뿌연/ 도시에 움직이네/ 임의 그림자(霧黃なる市に動くや影法師)"도 그 한 편이다. 원문의 맨 앞에 나오는 한자 '통수(筒袖)'는 '통 소매'란 뜻으로, 여기서는 양복을 의미한다. 따라서 "양복이어라"는 런던에서 양복을 입고 생활하는 소세키 자신을 가리킨다. 계절어는 가을(秋).

혼자 있구나
아무런 생각 없는
정월 초사흘

一人居や思ふことなき三ケ日
(ひとりいや おもうことなき さんがにち)

　　정월 초사흘은 정월 1일, 2일, 3일을 총칭하는 말이다. 이때는 하객들이 오고 새해 음식도 먹으며 화기애애한 분위기 속에서 보낸다. 하지만 평소 바쁘게 살았던 사람 중에는 아무것도 하지 않고, 아무런 생각 없이 보내는 경우도 있을 것이다. 이 구는 아무도 없는 집에서 소세키가 그런 날을 보내고 있다는 뜻이다. 바쁜 일상을 영위하던 그에게 여유가 느껴져 편안하게 읽었다. 소세키만의 편안함이 읽힌다. 계절어는 정원 초사흘(겨울).

만두에
예배(禮拜)하고 싶어라
맑게 갠 가을

饅頭に礼拝すれば晴れて秋
(まんじゅうに れいはいすれば はれてあき)

가난한 두 명의 수도승이 보내온 만두에 머리를 조아리며 예배하고 싶다는 심경을 담아 편지에 써서 보낸 작품이다. 참고로, 불교에서의 예배는 부처님이나 보살 등에 경의를 표하는 행위를 가리킨다. 전부터 편지를 주고받던 그들이 보내온 만두는 비록 비싼 것은 아니었지만, 소세키는 자신의 마음을 담아 이렇게 표현한 것. 이 구는 사세(辭世, 죽을 때 지어 남기는 시가)는 아니다. 하지만 이 작품을 짓고 24일 후에 소세키는 세상을 등진다. 계절어는 맑게 갠 가을(가을).

장엄하게
횃불 흔들며 가네
별빛 가득한 밤

하이쿠_130

厳かに松明振り行くや星月夜
(おごそかに まつふりゆくや ほしづきよ)

    장례를 집행하는 모습을 "장엄하게"라고 표현하고 있는 이 구는 메이지 천황(明治天皇, 1852-1912)이 죽었을 때 지은 것이다. 소세키는 그때 신문사로부터 애도의 구를 지어 달라는 부탁을 받고, 이런 일은 경험이 없는데 잘 지을 수 있을까 하고, 자신의 문하생인 마쓰네 도요조(松根東洋城, 1878-1964)에게 조금은 투덜댔다고 한다. 그렇게 만들어진 작품이다. 그러나 격동의 세월을 함께 살아온 천황을 깊이 생각하고 있었던 것 같다. 원문의 "성월야(星月夜)"는 달 월(月) 자가 들어 있지만, 달이 뜬 것처럼 별빛이 빛나고 있다는 뜻이다. 계절어는 별빛 가득한 밤(가을).

물통 바닥을
말렸네 울타리에
봄날의 햇살


桶の尻干したる垣に春日哉
(おけのしり ほしたるかきに はるびかな)




 화창한 봄날에 오래된 물통을 울타리에 기대어 세운 채 말리고 있다. 그 광경 속에 소세키는 봄날의 따스함과 온화함을 느끼고 있다. 이 구에서 주목할 것은 '울타리에/ 물통 바닥을 말렸네'라고 할 것을 "물통 바닥을/ 말렸네 울타리에"라고 도치법을 사용하고 있다는 점. 이는 5·7·5라는 하이쿠의 자수에도 맞추며, 동시에 읽는 이에게 좀 더 화창한 감정을 불러일으키고 싶어 하는 소세키의 의지가 아닐까. 계절어는 봄날(봄).

여자아이가
열 살이 되었구나
매화꽃

하이쿠_132

女の子十になりけり梅の花
(おんなのこ とおになりけり うめのはな)

여자아이와 매화꽃의 조화가 아름답다. 소녀의 성장을 막 피기 시작한 매화꽃에 비유하여 표현한 것이다. 귀엽고 예쁜 열 살 여자아이를 떠올려보자. 매화꽃은 추운 겨울을 이겨내고 피어났기에, 봄의 시작을 알리는 동시에 사람에게는 새로운 시작이라는 의미도 있다. 이 구에는 '시즈에(靜江) 씨에게'라는 전서(前書)가 붙어 있다. 전서는 서적이나 문장의 앞에 쓰이는, 본문에 들어가지 전의 문장을 말한다. 시즈에는 종합잡지인 〈중앙공론(中央公論)〉의 편집장을 역임했던 다키타 쵸인(滝田樗陰, 1882-1925)의 딸이다. 그때 소세키를 집필진으로 모셨다고 한다. 그런 인연에서 나온 작품이다. 계절어는 매화꽃(봄).

봄날의 밤에
아내에게 배우는
오기에부시(荻江節)

春の夜や妻に教わる荻江節
(はるのよや つまにおそわる おぎえぶし)


　남편이 아내에게서 오기에부시(荻江節)를 배우고 있는 것을 따뜻하고, 조용하고, 어딘가 께느른한 봄날의 일로 묘사하고 있다. 소세키가 자신의 부부 얘기를 쓴 것인지, 자신이 알고 있는 부부의 얘기를 쓴 것인지 그것은 중요하지 않다. 부부 사이가 친밀하게 다가오는 동시에, 전통문화에 대한 친근한 감정도 느껴지기 때문이다. 오기에부시(荻江節)는 에도 시대에 생겨난 샤미센(三味線) 음악의 하나다. 오기에 로유(荻江露友)라는 사람이 창시한 것으로, 우아하고 세련된 이미지가 있다. 샤미센은 한국인에게도 익숙한 퉁겨서 연주하는 일본의 현악기의 하나. 계절어는 봄날의 밤(봄).

# 부록

나쓰메 소세키(夏目漱石, 1867-1916)

1. 하이쿠란 무엇인가 그 정의와 역사
2. 나쓰메 소세키에 대하여
3. 나쓰메 소세키의 하이쿠를 이해하는 몇 가지 키워드

# 1. 하이쿠란 무엇인가 그 정의와 역사

## 1) 하이쿠(俳句)의 정의

하이쿠는 5-7-5의 17자로 이루어진 이 지상에 존재하는 가장 짧은 시다. 정형시다. 일본에서 발원하여 지금은 세계 각국의 많은 사람에게서 사랑받고 있기에, 일본의 세계적인 문화유산의 하나로 손꼽을 만하다.

우선, 한국인이 하이쿠를 쉽게 이해하려면 하이쿠가 갖는 기본적인 특징을 이해해야 한다. 그것은 '정형(定型)', '계어(季語)', '기레지(切れ字)'의 세 가지를 알아야 한다는 뜻이다.

정형은 5-7-5의 17자를 기본으로 한다는 것이고, 계어는 계절을 상징하는 말인 계절어로, 구(句)에 계절감을 주는 말이 포함되어 있다고 생각하면 된다. 하이쿠의 가장 큰 매력은 무엇보다 변화하는 사계절을 소재로 자연·동물과 인간의 교감, 때로는 지나간 시간과의 교감을 표현하고 있다. 거기에 감동이 동반된다. 그래서 하이쿠는 기본적으로 서정시의 영역이다. 불과 17자밖에 안 되지만 그 속에 서정이나 계절이 펼쳐져 있는 셈이다.

기레지는 한자로 '절자(切字)'라고 되어 있듯이 말 그대로 '끊어

주는 글자'라는 뜻이다. 시를 한꺼번에 읽어내려가다 보면 의미 전달이 쉽지 않을 수 있다. 그때 필요한 것이 바로 기레지. 그러니까 5-7-5의 어느 한 단락에서 끊어준다는 것. 하이쿠를 읽다 보면, 감동이나 기쁨과 의문을 나타내는 '~여', '~이여'(일본어는 や), 가벼운 놀라움을 나타내는 '~로세', '~로다'(일본어는 ~かな), 단정적인 생각을 표현하는 '~노라, ~구나'(일본어는 ~けり)와 같은 글자를 발견할 수 있는데, 그것이 기레지다. 말하자면 기레지는 시가 갖는 중요한 역할인 영탄이나 여운을 빚어내는 기능을 담당한다고 할 수 있다.

정형, 계어, 기레지의 세 가지를 이해하기 위해 다음의 하이쿠 한 편을 예로 들어본다. '하이쿠의 성인'이라는 의미의 '하이세이(俳聖)'로 불리는 마쓰오 바쇼(松尾芭蕉, 1644-1694)의 작품이다.

논에
모심고 떠나가는
버드나무로다
(田一枚うへてたちさる柳かな)

시를 보면, 정형시의 요건인 5-7-5와 계어, 기레지가 다 갖추어져 있다. 田一枚(たいちまい)가 다섯 글자, うへてたちさる가 일곱 글자, 柳(やなぎ)かな가 다섯 글자다. 5-7-5의 17글자다. 계어는 "모 심고". 계절이 여름을 나타내고 있다. 기레지는 "버드나무로다"의 "로다(かな)"가 된다.

이처럼 하이쿠를 제대로 읽으려면 하이쿠가 갖는 '정형', '계어', '기레지'의 세 가지 기본적 특징을 이해하면 된다. 물론 하이쿠가 무조건 기레지를 품고 있어야 한다는 것은 아니다.

또한, 현대에 와서 하이쿠에 계어를 갖지 않는 '무계(無季)'나 정형에 따르지 않는 '자유율(自由律)'도 하이쿠로 용인하는 경우가 있기는 하지만, 무엇을 하이쿠로 간주할 것인가 하는 정의는 하이진협회(俳人協会), 현대하이쿠협회(現代俳句協会), 일본전통하이쿠협회(日本伝統俳句協会) 등, 일본의 각 단체에서 통일되어 있지 않다. 참고하기 바란다.


## 2) 하이쿠의 역사

그럼, 하이쿠는 어떻게 만들어졌을까. 그 유래를 알기 위해서는 무엇보다 일본의 운문문학을 이해할 필요가 있다. 먼저, 운문문학을 구성하는 와카(和歌), 렌가(連歌), 하이카이(俳諧)를 알아보고, 하이쿠를 얘기해보자.

와카는 말 그대로 '일본의 노래'라는 뜻이다. 와카의 한자 '和歌'에서 '和'는 일본을 가리키는 말이다. 와카는 5-7-5-7-7의 31자로 구성된다. 일본의 운문문학을 대표하는 가집(歌集)으로 『만요슈(萬葉集)』가 있다. 8세기 후반에 제작된 것으로 일본 문학사에서는 빼놓을 수 없는 유명한 책이다. 오랜 역사를 자랑하는 만큼 일본인들에게는 대단히 긍지 높은 문화유산이다. 여기에 실린 노래는 약 4,500수. 이 중 8할 이상이 5-7-5-7-7의 31자로 되어 있으니, 이 글자 수는 유구한 역사를 가진 일본 고유의 노래 형식인 셈이다.

『만요슈』 전후의 동아시아로 눈을 돌려보면, 한반도에는 통일신라(673-935)가 있었고, 중국에는 당나라(618-907)가 있었다. 일본에는 헤이안 시대(平安 時代, 794-1192)가 시작되고 있었다. 그 당시 일본에는 귀족 시대라고 불릴 만큼 당나라 문화를 존중하는 풍조가 있었다. 그래서 한시(漢詩)가 유행했던 것. 그러다가 9세기 후반에 일본의 문자인 '가나 문자'가 보급되고, 또한 일본의 국풍 문화에 대한 관심이 고조되면서 와카가 성행하게 된다. 중세인 가마쿠라 시대(鎌倉時代, 1185-1333)에 들어와서도 와카는 장려되고 더 성행하게 되는데, 유명한 가인(歌人)인 사이교(西行, 1118-1190)나 도시나리(俊成, 1114-1204)가 활약했던 것도 그 무렵이다.

그럼, 렌가는 무엇인가. 렌가는 언제 생겼을까. 렌가는 와카의 앞 구(前句) 5-7-5와 아래의 구(付句)인 7-7로 화답하는 형식에서 발단이 된 것이다. 그러니까 앞의 구와 아래의 구를 교대로 부르는 것. 그래서 한자가 連歌. 여러 명이 모여서 하는 경우를 생각할 수 있다. 이는 당시 무인들이 선호하는 형식으로, 아래의 구를 지을 때는 앞 구와의 조화를 생각하며, 그 조화의 묘미를 즐겼다. 차원 높은 사고(思考)의 유희였다. 중세(11세기 후반에서 16세기 후반까지)의 중기가 되면 와카를 압도하며 유행했다.

이어서 렌가가 쇠퇴하고 하이카이(俳諧)가 유행하는 시기가 온다. 근세(1603-1868)로 넘어갈 때다. 우리가 알고 있는 에도 시대(江

戶時代)가 바로 그때다. 하이카이는 하이카이의 렌가(俳諧의 連歌)를 줄인 말이다. 하이카이는 골계미(滑稽味)가 있다는 뜻으로, 사용할 수 있는 말 등에 제약이 많았던 렌가를 일반 서민도 지을 수 있게 완화한 것이다. 그래서 자유분방하고 골계, 웃음, 해학 등을 자유롭게 그려낼 수 있었다. 근세에는 쵸닌(町人)이라는 계층이 문학의 주요 계층으로 등장하는데, 이는 경제력을 가진 상인이나 서민을 일컫는 용어다. 그들은 고전에 대한 깊은 지식이 부족해서 즐겁게 말장난을 하는 식이었다. 와카나 렌가가 우미(優美)의 정서를 추구했다면, 하이카이는 일상어 등을 자유롭게 쓰면서 문학성을 크게 기대할 수는 없었다. 이것이 17세기 후반 무렵에 활동하는 마쓰오 바쇼가 등장하는 배경이 된다.

그럼, 현재 우리가 말하는 하이쿠는 언제 생긴 것일까. 렌가의 제1구(第1句), 즉 5-7-5의 17음으로 이루어진 구를 홋쿠(発句)라고 하는데, 이것이 후에 독립된 단형시(短詩形)로 만들어져 하이쿠가 된다. 하이카이에서 독립시킨 홋쿠의 새로운 명칭이 하이쿠다. 즉, 하이카이가 하이쿠의 원류(源流)인 셈. 참고로 하이쿠라는 말은 일본의 근대를 대표하는 하이쿠 시인 마사오카 시키가 붙였다. 일본의 근대로 기록되는 메이지 시대(明治時代, 1868-1912) 때의 이야기다.

이처럼, 하이쿠는 일본의 운문문학과 궤를 같이하면서 와카→렌가→하이카이→하이쿠의 역사적 변천을 거쳐서 완성된 문학 형태다.

## 2. 나쓰메 소세키에 대하여

### 1) 태생에서 하이쿠 시인으로 성장하기까지

나쓰메 소세키(夏目漱石, 1867-1916, 이하 '소세키')는 1867년생으로, 지금의 도쿄인 에도(江戶)에서 5남 3녀 중 막내로 태어났다. 본명은 나쓰메 긴노스케(夏目金之助). 일본 역사에서 근대의 시작으로 일컬어지는 메이지유신이 1868년의 일이니, 그의 삶은 일본의 근대와 함께 시작되었다고 할 수 있다. 부모가 고령이었기 때문에 태어나자마자 고물상에 수양아들로 보내졌으나, 양부모는 다시 그를 고가구점의 수양아들로 보내는 등, 소세키의 유년기는 방랑의 시간이었다. 이러한 복잡한 가정환경이 후에 그의 예민한 감수성을 기른 바탕으로 작용한다.

세 살이 되던 1870년 여름에는 천연두를 앓아 얼굴에 흉터가 생겼다. 이 흉터는 평생 그의 얼굴에 남는다. 열다섯 살 때부터 한학과 영어를 배워 문학의 토대를 마련했다. 특히, 이때의 한학 공부는 한문학의 토대가 마련되었다는 점에서 그의 인생에서 중요한 전환점이 된다.

소세키는 스물두 살이던 1889년에 후에 하이쿠 작가로 유명해진 마사오카 시키(正岡子規, 1867-1902)를 알게 되는데, 그와의 만남으로 소세키는 하이쿠 시인으로 성장하는 데 절대적인 영향을 받게 된다. 시키는 후에 하이쿠, 단가, 소설, 평론, 수필 등, 다방면에 걸쳐 창작활동을 하며 일본의 근대문학에 커다란 영향을 미치는 메이지 시대를 대표하는 문학자의 한 사람이 된다.

시키는 소세키와 동갑의 친구였다. 그는 일본의 하이쿠 잡지로 잘 알려진 《호토토기스(ホトトギス)》로 '니혼파(日本派)'의 '신(新)하이쿠'를 추진하여, '사생문'을 제창한 인물이다. 일본에서 처음으로 하이쿠라는 용어를 만든 것도 시키였다. 니혼파는 1892년부터 신문 〈니혼〉에 의해서 제창된 사생주의로, 시키를 중심으로 한 하이쿠의 한 유파다. '사생문'이란 실물이나 경치를 있는 그대로 묘사하는 글을 뜻한다. 소세키는 한문체의 기행문인 〈보쿠세쓰로쿠(木屑錄)〉를 써서 시키에게 칭찬을 듣게 되고, 하이쿠에 열중하기도 했다. 소세키가 생전에 남긴 하이쿠는 2,600수에 가깝다. 그야말로 다작의 시인이었다. 그중 6할에 가까운 1,445수가 시키와의 교제가 있었던 시기에 창작된 사실은 주목할 만하다. 소세키가 젊은 시절 시키를 만난 것은 그의 하이쿠 시인으로서의 성장에는 운명이라고 할 수 있다.

스물세 살이던 1890년에 도쿄제국대학 문과대학 영문과에 입학하였으며, 문부성의 학비 대여 장학생이 된다. 동급생으로는 철학과에 다녔다가 후에 국문과로 전과한 시키를 비롯하여, 소설가·시인·평론가로 일본에 언문일치체 및 신체시 운동의 선구자로 활약한 야마다 비묘(山田美妙, 1868-1910)가 있었고, 선배로는 한국인에게도 익숙한 소설가 오자키 고요(尾崎紅葉, 1868-1903)가 있었다. 스물넷에는 일본의 중세 수필『호조키(方丈記)』를 영역하기도 했다. 다음 해 분가를 하여 본적을 홋카이도로 옮겼는데, 후대 연구자들에게는 병역 기피가 목적이었던 것으로 회자되기도 했다. 이해에 와세다대학의 전신인 도쿄전문학교에서 강의를 시작했으며, 와병 중인 시키를 방문하여 후에 하이쿠의 거목이 되는 다카하마 교시(高浜虛子, 1874-1959)를 만난다.

1893년 스물여섯에 도쿄제국대학 영문과를 졸업하고 대학원에 진학하는 등 학구열을 보였다. 같은 해 10월에는 도쿄고등사범학교에 영어 교사로 부임해 강의를 하기도 했다. 그러나 이 학교의 형식을 존중하는 관료주의에 염증을 느꼈으며, 이듬해 폐결핵과 신경쇠약 악화와 함께 염세주의에 빠지고 말았다.

스물여덟에는 에히메현의 마쓰야마중학교로 직장을 옮겼는데, 이곳에서의 체험이 후일 그의 대표작으로 유명해진『도련님(坊っちゃん)』의 소재가 되었다는 것은 잘 알려진 일화. 스물아홉 살이 되던 1896년에는 마쓰야마중학교를 그만두고, 구마모토의 제오고등학교 강사로 부임했다.

같은 해 서기관장 나카네 시게카즈(中根重一)의 장녀 교코(鏡子)와 약혼하여, 그 이듬해 결혼식을 올리고 가정을 꾸렸다. 이해에 교수로 승진하기도 했다. 그러나 1897년 그는 곧 문학에만 전념하고 싶다는 생각을 친구 시키에게 내비쳤다고 후세의 소세키 연구자들은 전하고 있다. 그해 연말에 오아마 온천을 여행하며, 그의 또 하나의 대표작인『풀베개(草枕)』의 소재를 얻게 된다.

1900년 서른셋의 소세키는 문부성의 명으로 영어 연구를 위해 2년간 영국 유학길에 오른다. 이 기간 동안 장인에게 보낸 편지에서, 영일동맹에 들떠 있는 일본인들을 비판하고, 대규모의 저술을 계획하고 있는 자신의 포부를 밝힌다. 그러나 소세키가 정신 이상자가 되었다는 소식이 일본에 전해져 문부성에서 사람을 보내 확인하는 소동이 벌어지기도 했다. 이때의 일은 소세키 문학의 '문명 비평적 성격'에 상당한 영향을 미쳤다. 또한, 영국 유학은 그의 문명관·금전관·예술관이 확립되는 중요한 시기로 평가받기도 한다. 이역만리 외국 땅에서 자신의 오랜 벗이었던 시키의 사망 소식(1902)을 접한 것도 이 무렵이다.

소세키 사후에 간행된 그의 하이쿠 관련 서적은 『소세키 하이쿠집(漱石俳句集)』(1917년 11월, 岩波書店)과 『소세키 시집 인보부(漱石詩集 印譜附)』(1919년 6월, 岩波書店)가 있다. 인보(印譜)는 도장의 인영(印影, 도장을 찍은 흔적)을 모아서 편집한 것이며. 인보부(印譜附)는 인보(印譜)가 붙어 있다는 것을 나타낸다.

## 2) 작가 시대

1903년 서른여섯 살에 귀국한 소세키는 교직 생활에서 얻은 지식을 바탕으로 『문학론(文學論)』과 『문학평론(文學評論)』을 간행했다. 이듬해에는 대표작의 하나인 『나는 고양이로소이다(吾輩は猫である)』를 집필했다. 자신의 신경쇠약을 걱정하는 다카하마 교시의 권유가 계기가 되었다. 이 작품은 이듬해 《호토토기스》에 발표되어 그야말로 공전의 호평을 받았고, 11회분까지 장편으로 연재되었다. 이와 함께 『런던탑(倫敦塔)』, 『칼라일박물관(カーライル博物館)』, 『환영의 방패(幻影の盾)』 등을 연이어 발표하며 왕성한 집필 활동을 펼쳤다.

그리고 1906년 서른아홉의 나이에 『도련님』과 『풀베개』를 발표했다. 이른바 '목요회'라는 모임이 생긴 것도 이때의 일. 이는 그의 집에 출입이 잦은 문하생들이 십일월 어느 날부터 매주 목요일에 방문한다고 하여 붙여진 이름이다. 이 모임에는 물리학자이며 수필가인 데라다 도라히코(寺田寅彦), 소설가이며 아동문학가인 스즈키 미에키치(鈴木三重吉) 같은 사람들이 있었고, 그 후에는 일본 단편 소설을 대표하는 작가 아쿠다가와 류노스케(芥川龍之介)도 그의 문하에 들어왔다.

모든 교직을 사임하고 아사히신문사(朝日新聞社)에 입사하여, 전속 작가의 길을 걷게 되는 것은 1907년. 그의 인생에서 또 하나의 전환점이 된다. 불혹 때의 일이다. 이후 『우미인초(虞美人草)』 등 많은 작품을 이 신문에 연재하며 인연을 맺는다. 『갱부(坑夫)』, 『열흘 밤의 꿈(夢十日)』, 『산시로(三四郎)』는 1908년에 발표되었다. 『그 후(それから)』, 『영일소품(永日小品)』은 그 이듬해인 1909년의 작품. 이 해 관심이 가는 대목은 소세키가 만주와 한국을 여행했다는 기록이다. 『만주와 한국 이곳저곳(滿韓ところどころ)』이 그때의 경험을 토대로 한 것이다.

『문(門)』을 발표하던 1910년에 소세키는 요양하러 갔던 슈젠지

온천에서 피를 토하는 등 위독한 상태에 빠졌는데, 이것이 그 유명한 '슈센지의 대환(大患)'이다. 대환이란 큰 병 또는 몹시 위중한 병이라는 뜻으로, 그것은 곧 그의 작품 세계의 변화를 예고하는 것이었다. 그의 인간관과 사생관에 커다란 영향을 주었다고 후세의 소세키 연구자들은 기록하고 있다. 이때 남긴 다수의 하이쿠도 극찬을 받은 작품이다.

1911년 소세키는 문부성으로부터 문학박사 학위 수여를 통보받았으나, 불쾌함을 드러내며 수여를 거부했다. 마흔다섯인 다음 해에 『추분이 지날 때까지(彼岸過迄)』, 『행인(行人)』의 연재를 시작했으나, 신경쇠약과 위궤양의 재발로 『행인』의 연재는 중단되었다. 이 외에도 『마음(こころ)』, 『유리문 안(硝子戸の中)』, 『노방초(道草)』, 『명암(明暗)』 등 빼어난 작품을 남기며, 일본 근대문학을 대표하는 작가로 그 이름을 남겼다. 『명암』을 집필하던 1916년 12월 9일 위궤양 내출혈로 사망했다. 향년 49세였다.

## 3. 나쓰메 소세키의 하이쿠를 이해하는 몇 가지 키워드

하이쿠 시인으로 수필가로, 또한 물리학자로 활동했던 데라다 도라히코(寺田寅彦, 1878-1935)는 "소세키의 하이쿠를 알지 못하고 그의 소설 등을 제대로 이해하는 것은 불가능하다"고 하였다. 그는 구마모토오고(熊本五高)의 학생이었을 때, 그 학교의 영어 교사였던 소세키를 평생 스승으로 섬기며 살았던 사람이다.

필자도 데라다 도라히코의 그런 생각에 동의하며, 나쓰메 소세키의 하이쿠를 쉽게 이해하고 하이쿠에 담긴 뜻을 살피기 위해,

1) 소세키의 문학적 출발은 소설가가 아니라 하이쿠 시인이었다
2) 소세키의 하이쿠는 친구인 마사오카 시키에게 절대적인 영향을 받았다
3) 나쓰메 소세키 하이쿠가 갖는 네 가지 특징

이렇게 세 부문으로 나누어 독자의 이해를 돕고자 한다.

### 1) 소세키의 문학적 출발은 소설가가 아니라 하이쿠 시인이었다

나쓰메 소세키는 일본인이 가장 좋아하는 작가일 뿐 아니라, 지구촌 여기저기에서 최고의 작가, 최고의 작품으로 평가받는 문인이다. 지난 2001년 〈아사히신문〉에서 실시한 '지난 천 년 동안의 일본 문학 작가에 대한 독자 인기 투표'에서 3,516표를 얻어 1위를 차지할 만큼 근현대 일본 문학에서 가장 위대한 작가로 평가받는다. 이는 소세키가 세상을 떠난 지 100년이 넘었음에도 그에 대한 인기는 식지 않고 있다는 방증이다. 그 인기는 현재진행형. 오랫동안 일본의 천 엔 지폐의 초상(1984년부터 2004년까지)이 되기도 했던 것도 그렇게 설명할 수 있다.

그러나 그의 문학적 출발은 소설가가 아니었다. 하이쿠 시인이었다. 소세키가 하이쿠 시인이었어? 하는 의문에서 벗어나는 독자도 상당수 있을 듯. 그가 남긴 하이쿠는 1889년(메이지 22년)부터 1916년(다이쇼 5년)까지 무려 약 2,600수에 달한다. 하이쿠 시인으로서의 성실성과 그 열정에 놀라지 않을 수 없다. 하이쿠 창작 시기도 27년 정도로 상당히 길다. 이는 하이쿠의 성인으로 불리는 마쓰오 바쇼(松尾芭蕉, 1644-1694)의 작품 수가 982수(확인된 것만)라는 점에서 보면, 소세키는 그야말로 다작의 시인이었다.

물론, 다작의 해와 과작의 해가 존재한다. 소세키가 일본 문부성에서 영국 런던 유학이라는 명을 받았던 시기는 1900년이지만, 1902년(메이지 35년)을 주목해야 한다. 1902년 마사오카 시키(正

岡子規, 1867-1902, 이하 '시키'라고 함)의 죽음을 계기로 하이쿠 시인 소세키의 운명이 일단 여기에서 단절되는 느낌으로 다가온다. 이 무렵부터 왕성했던 하이쿠 작품 수가 줄어든다는 뜻이다. 시키는 하이쿠, 단가, 신체시, 소설, 평론, 수필 등, 다방면에 걸쳐 창작활동을 했으며, 일본의 근대문학에 커다란 영향을 끼친 메이지 시대를 대표하는 문학자의 한 사람으로 평가받는다. 특히, 일본에 하이쿠라는 용어를 만들어낸 장본인이기도 하다.

또한, 소세키가 런던에서 귀국한 후, 첫 소설 『나는 고양이로소이다』(1905) 발표를 시작으로 소설가로서의 명성을 쌓아가는 것도 눈여겨볼 대목이다. 그러나 분명한 것은 그가 소설가가 되기까지 10여 년 동안은 하이쿠 시인이었다는 사실이다.

물론, 유학 후 하이쿠 작품 수는 줄어들었지만 창작은 계속 이어갔다. 그런 점을 고려하더라도, 22세 청년기부터 세상 뜨던 49세까지 하이쿠 창작이 지속되었다는 사실은 그의 시인으로서의 역량과 성실성을 말해주기에 충분하다.

그렇게 그가 남긴 하이쿠는 『정본 소세키 전집(定本漱石全集)』(岩波書店, 2016) 제17권 『하이쿠·시가(俳句·詩歌)』에 수록되어 있다. 그리고 계절별 하이쿠 모음집이라 할 수 있는 『소세키 하이쿠집(漱石俳句集)』(1917, 岩波書店) 등 여러 책에서 찾아볼 수 있다.

## 2) 소세키의 하이쿠는 친구인 마사오카 시키(正岡子規)에게 커다란 영향을 받았다

소세키가 처음으로 하이쿠를 발표했던 시기는 1889년(메이지 22년)이다. 그의 나이 22세 때다. 일본인에게 잘 알려진 다음의 두 편이 그때의 작품이다.

돌아가고 싶다고/ 울지 말고 웃어라/ 두견새
(帰らふと泣かずに笑へ時鳥)

돌아가려 해도/ 아무도 기다리지 않는/ 두견새
(聞かふとて誰も待たぬに時鳥)

이 두 편은 1889년 5월 13일, 소세키가 친구인 마사오카 시키에게 보낸 편지에 썼던 하이쿠다. 먼저, 이들 하이쿠에서 공통으로 쓰인 시어 '두견새'에 주목하자. 두견새는 폐결핵을 의미하지만, 이 두 편에서 두견새는 시키를 지칭한다. 메이지 시대는 폐결핵이 유행했던 시기로, 당시 시키도 폐결핵에 걸렸다. 각혈 후, 시키는 두견새에 관한 여러 구를 지었으며, 자신의 호도 '시키'라고 짓는다. 두견새는 입안이 빨갛기 때문에, 예로부터 '울며 피를 토하는 두견새'라고 일컬어졌으며, 거기에서 병이나 결핵을 비유하게 된 것. 시키의 한자인 '자규(子規)'는 두견새를 나타내는 글자다. 앞에 인용한 하이쿠 두 편에는 소세키가 폐결핵에 걸린 시키에게 두견새처럼 돌아가고 싶다고 말하지 말고 웃어라, 건강해져라, 그리고 둘이서 함께 새로운 나라로 나아가자고 하는 격려와 권유와 함께 따뜻한 마음이 담겨 있다.

소세키와 시키는 1867년생 동갑으로, 도쿄대학 예비문(東京大學 豫備門, 지금의 교양학부) 때부터 우정을 나누었던 친구 사이다. 소세키는 후에 하이쿠의 대가가 되는 시키를 통해 하이쿠에 친숙해져 갔다. 두 사람의 교유가 시작된 것은 22세 때인 1889년 1월부터라고 알려져 있다. 시키가 폐결핵의 대표 증상인 각혈이 있고 난 얼마 후, 자신의 작품집 『칠초집(七艸集)』(1889)을 출간했을 때 그 비평을 쓴 사람이 소세키다. 그때 그는 처음으로 자신의 호로 '소세키'를 사용했다. 스물세 살이던 1890년에 도쿄제국대학 문과대학 영문과에 입학하였으며, 시키는 소세키와 동급생으로 철학과에 다니다가 후에 국문과로 전과했다.

소세키(漱石)는 무슨 뜻일까. 한자를 풀어보면, 우리 음으로는 수석(漱石)이며, '돌(石)로 입을 헹군다(漱)'는 뜻이다. 이 말은 '수석침류(漱石枕流)'에서 유래한다. 진(晋)나라의 손초(孫楚)가 '돌을 베고 시냇물로 입을 헹군다(침석수류, 枕石漱流)'고 해야 할 것을 '돌에 헹구고 시냇물을 베개로 삼는다(수석침류, 漱石枕流)'고 잘못 인용하였다. 중국의 「진서(晋書)」 손초전(孫楚伝)의 고사에 나온다. '시냇물을 베개로 삼는다'는 것은 더러운 말을 귀에서 씻는다는 의미다. 이렇게 잘못 인용한 것을 두고 사람들로부터 비웃음을 사게 된다. 그래서 이 말은 억지가 세며 강변(强辯)할 때를 비유하는 경우, 또, 생떼를 써서 변명하여 발뺌할 때의 비유로 사용된다. 소세키는 그 수석침류(漱石枕流)에서 '수석'을 따온 것이다. 그렇게 호를 지은 것도 무척이나 재미있지만, 더하여 더 흥미로운 것은 소세키 즉, 수석(漱石)은 시키가 사용하던 호의 하나였는데, 그것을 나중에 소세키가 자신의 것으로 썼다는 사실이다.

그럼, 소세키는 언제 본격적으로 하이쿠 다작을 했을까. 마쓰야마중학(松山中學)의 영어 교사로 부임하는 1895년(메이지 28년)이다. 청일전쟁(1894)에 종군기자로 참여했다가 귀국한 시키를 마쓰야마의 자신의 하숙집으로 맞이하며 하이쿠 창작에 열정을 보였던 것. 주목할 만한 일이다. 이후, 소세키에 대한 시키의 강의는 근대 하이쿠의 하이쿠 입문서로 이론적 출발이 되는 시키의 『하이카이 대요(俳諧大要)』(1899)로도 이어졌다. 더불어, 소세키는 시키 일파 외에도 『신파하이카구집(新派俳家句集)』(1897)에 하이쿠를 싣는 등, 당당한 신파 하이쿠 시인으로 성장해가고 있었다.

무엇보다 소세키가 교사로서 부임해 있던 구마모토(熊本)에서 시키에게 엄청나게 많은 하이쿠를 보냈다는 사실이다. 시키는 그 무렵 신문 〈니혼(日本)〉의 기자로 '하이쿠란(俳句欄)'을 담당하고 있었다. 소세키가 보낸 좋은 하이쿠를 신문에 게재했기 때문에, 소세키의 하이쿠 창작열이 높아지지 않았나 하는 말이 전해지는 것은 그 때문이다. 소세키가 시키에게 하이쿠를 보내면 시키는 보내온 하이쿠에 첨삭을 했다. 이미 잘 알려진 사실이다. 그렇게 소세키의 하이쿠는 질적 향상을 가져오게 된다. 소세키가 시키의 제자 중의 한 명이라는 얘기는 이런 일련의 과정을 거쳐서 생겨난 말이다.

이처럼 소세키가 남긴 2,600수에 가까운 하이쿠 중에서 6할에 가까운 1,445수가 시키와의 교제가 있었던 시기에 창작된 것은 주목할 만하다. 소세키가 젊은 시절 시키를 만난 것은 그의 하이쿠 시인으로서의 성장에는 운명이었다.

### 3) 나쓰메 소세키 하이쿠의 네 가지 특징

우선, 하이쿠에 대한 소세키의 생각을 엿볼 수 있는 문장을 보자. "소세키는 서양시의 기준으로 하이쿠를 판단하지 않고, 동양적인 우월성을 강조하며 서양시와 하이쿠를 구별해 놓았다. 즉, 그는 근대의 산물인 소설의 문체를 '하이카이적 문장 미학(俳諧的 文章美學)'이라고 추구했을 만큼, 미적 문장과 문학의 즐거움이 있었다."

이를 바탕으로 소세키 하이쿠가 갖는 특징 혹은 매력을 살펴보는 것이 좋겠다. 다음의 네 가지로 나누어 접근한다. 첫째, 발상이 참신하고 기상천외하다. 둘째, 빼어난 유머 감각과 골계(滑稽). 셋째, 한어(漢語) 사용, 속어 사용, 진기한 표현 등, 독자적인 구법(句法)을 구사하다. 넷째, 일본 역사와 고전, 외국 문학과 접목하여 상상의 날개를 펼치다. 이렇게 네 가지로 나누어 살피는 것은 그의 하이쿠를 쉽게 이해하기 위함이다.

(1) 발상이 참신하고 기상천외하다

소세키 하이쿠의 뚜렷한 특징 중의 하나는 발상이 참신하고 기상천외하다는 점이다.
다음의 작품들을 보자.

겹겹이 달린/ 덕은 외롭지 않은/ 귤나무로세
(累々と徳孤ならず蜜柑哉)

방적공장의/ 피리 소리 울리고/ 겨울비 오네
(紡績の笛が鳴るなり冬の雨)

두 편 모두 1896년(메이지 29년) 작품이다. 소세키의 나이 29세 때다. 먼저, 앞의 작품은 덕(德)은 귤나무처럼 많은 열매를 맺는다는 것을 하이쿠 풍으로 살려, 『논어』의 한 구절인 "덕이 있으면 따르는 사람이 있으므로 외롭지 않다(덕불고필유린, 德不孤必有隣)"를 겹겹이 달린 귤나무에 비유했다. 그 기상천외한 발상에 놀라지 않을 수 없다. 뒤의 작품은 하이쿠에서는 새로운 소재인 '피리 소리'에 착안했다. 참신한 발상으로 작품을 만들어낸 것이다. 그것은 기존의 전통적인 하이쿠의 발상에서 벗어난 무척이나 자유로운 사고를 반영한다.
또한,

제비꽃만큼/ 작은 사람으로/ 태어났으면
(菫程な小さき人に生れたし)


한산(寒山)인가/ 습득(拾得)인가 벌에게 /쏘인 사람은
(寒山か拾得か蜂に螫されしは)

  앞의 작품 "제비꽃만큼/ 작은 사람으로/ 태어났으면"은 그 기발함으로 탄성을 자아낸다. 보통의 사람은 물론이고, 전문적인 하이쿠 시인도 떠올리기 쉽지 않은 발상이리라. 뒤의 작품 "한산인가/ 습득인가 벌에게 / 쏘인 사람은"은 당나라 때의 유명한 고승들이 벌에 쏘여 허둥대는 모습을 연상해서 지은 것으로, 한산과 습득, 두 명의 스님을 그린 그림을 통해 재미있는 상상을 하며 하이쿠에 접목하고 있다.
  이처럼 풍부하고 자유분방한 표현력을 바탕으로 참신하고 기상천외한 명작을 만들어낸 것이 소세키 하이쿠의 큰 특징이다.

### (2) 빼어난 유머 감각과 골계(滑稽)

  필자가 소세키의 하이쿠를 공부하고 많은 작품을 번역하는 동안 가장 인상 깊었던 점은 소세키가 가진 빼어난 유머 감각이다. 그리고 그가 골계(滑稽)를 바탕으로 많은 작품을 창작했다는 사실이다. 이 책이 그러한 성격의 소세키 작품을 많이 인용한 것도 그 때문이다. 일반적으로 골계는 익살을 부리는 가운데 어떤 교훈을

담고 있다. 일본에서 설명하는 골계는 유머가 있고, 많은 웃음을 주고, 타인에게 웃음을 유발하도록 익살맞을 행동을 하는 것이다.

다음에 그러한 성격을 보여주는 작품 몇 편을 골라, 그 속을 들여다보기로 하자.

두들겨 맞고/ 낮 모기 토해내는/ 목탁이로세
(叩かれて昼の蚊を吐く木魚哉)

나팔꽃이여/ 한눈에 반한 여성도/ 이틀 사흘
(朝貌や惚れた女も二三日)

투덜투덜/ 커다란 우렁이의/ 불평이구나
(ぶつぶつと大なるたにしの不平かな)

맛있는 감이여/ 너도 떫었던 그 옛날을/ 잊지 말아라
(樽柿の渋き昔しを忘るるな)

마른 들판에/ 기차로 둔갑을 한/ 너구리 있다
(枯野原汽車に化けたる狸あり)

두견새여/ 나가기 어려웠네/ 똥 누느라고
(時鳥厠半ばに出かねたり)

떨어져 내려/ 이슬이 된다 하네/ 은하수

(落ちて来て露になるげな天の川)

  인용한 작품 모두 재미와 재치가 넘치며, 읽는 이에게 건강한 웃음을 유발하고 있다. 무엇보다 첫째 구는 소세키 하이쿠의 절대적인 매력을 보여주는 작품이다. "두들겨 맞고/ 낮 모기 토해내는" 목탁이라니. 아무나 쉽게 흉내 내기 어렵다. 그 발상과 유머에 놀라지 않을 수 없다. 필자도 이 구를 읽는 순간 자연스럽게 미소가 번져왔다. 둘째 구 역시 재미있다. 한눈에 반한 여성도 이틀 사흘이 지나면 그 감정이 식어갈까를 묻는 상투적인 사고이지만, '아침의 얼굴(朝顔)'인 나팔꽃을 '같이 밤을 보낸 여성이 아침에 일어났을 때의 얼굴'과 겹쳐 사용하는 능력은 뛰어난 문학적 재능이다. 우렁이의 불평을 "투덜투덜"한다고 하는 시각, 맛있는 감도 떫었던 시절이 있었다는 교훈적 요소, 마른 들판을 달리는 기차를 너구리에 비유한 것, 그리고 당시의 일본 총리에게 똥 누느라고 못 나간다며 하이쿠를 지어 핑계를 대는 재치, 은하수를 "떨어져 내려/ 이슬이 된" 것으로 파악하는 동화적 발상, 이 모든 것은 소세키 하이쿠가 갖는 유머 감각과 골계라고 설명할 수밖에 없다. 이 책을 통해 그러한 성격의 많은 작품을 만나보길 기대한다.

  (3) 한어(漢語) 사용, 속어 사용, 진기한 표현 등 독자적인 구법(句法)을 구사하다

소세키에게 한어(漢語)는 그의 하이쿠를 다소 난해하게 하는 요소로 작용하기도 하지만, 한시(漢詩)는 그에게 기초적 교양이었던 만큼 하이쿠 소재가 갖는 한계적 상황을 벗어나게 하는 중요한 기능을 담당한다. 일본어에서 한어는 어종(語種)의 한 구분이다. 비교적 오래된 시대의 중국어에서 차용된 형태소, 즉, 한자의 자음으로 구성된 어휘체계다. 또한, 그의 하이쿠는 속어 사용도 비교적 빈번하여, 에도 시대 3대 하이쿠 거장이라 일컫는 고바야시 잇사(小林一茶, 1763-1827)의 뒤를 잇는 시인이지 않느냐 하는 의견이 있을 정도다.

또한, 진기한 표현은 앞에서도 언급되었지만, 소세키 하이쿠의 전체를 아우르는 특징의 하나로 거론된다. 그는 한어 사용, 속어 사용, 진기한 표현을 하이쿠 창작에 활용하여 그만의 특징으로 살려낸 독자적인 경지의 하이쿠 세계를 만들어냈다. 다음의 몇 구를 사례로 들어본다.

화창한 봄날/ 서로 하품을 하며/ 헤어지노라
(永き日やあくびうつして別れ行く)

편안하게/ 해삼 같은 아기를/ 낳았노라
(安々と海鼠の如き子を生めり)

장작불이여/ 어제 우스이고개(確氷峠)를/ 넘어왔다 하네
(榾の火や昨日確氷を越え申した)

추운 봄날에／ 무덤에 걸어놓았네／ 계자(季子)의 검
(春寒し墓に懸けたる季子の劍)


표주박 바가지는／ 울릴까 안 울릴까／ 가을의 바람
(瓢簞は鳴るか鳴らぬか秋の風)


  첫째 구와 둘째 구는 소세키 하이쿠의 독자적인 경지를 보여주는 작품으로 자주 거론된다. 친근한 사이였던 소세키와 다카하마 교시(高浜虛子, 1874-1959)가 서로 마주 보며 하품을 하면서 나누는 이별의 정경과 아기를 "해삼 같다"고 묘사한 비약은 읽는 이에게 소세키의 독특한 창작 기법의 한 단면을 보여준다. 셋째 구는 화로에 지핀 장작불을 쐬며, 우스이고개(碓氷峠)를 넘어왔다고 하는 어느 나그네의 얘기를 소재로 삼은 것인데, 보통의 사람들이 쓰는 구어체의 말을 구에 넣은 소세키의 취향을 엿볼 수 있다. 넷째 구의 "계자(季子)의 검"은 중국 당나라 이한(李翰)이 저작한 역사책인 『몽구(蒙求)』 등에 나오는 이야기로, 중국에서 전해오는 얘기를 담아낸 것이다. 다섯째 구 역시, 쓸모없게 된 표주박 바가지를 나뭇가지에 동여 매달았더니, 바람이 불어 시끄러워지는 바람에 그것을 버린다는 중국의 고사성어에서 가지고 온 작품이다.

  이처럼, 소세키는 한어와 속어 사용, 그리고 진기한 표현을 하이쿠 창작에 활용한 시인이었다. 소세키 특유의 독자적인 색깔은 그렇게 완성되어 간다.

### (4) 일본 역사와 고전, 그리고 외국 문학과 접목하여 상상의 날개를 펼치다

소세키 하이쿠의 또 하나의 깊이와 묘미는 일본의 역사와 일본 문학 속의 시가(詩歌), 그리고 외국 문학과 접목하여 상상의 날개를 펼치고 있다는 점이다.

다음의 여섯 편을 읽어보자.

죽음을 숨기고/ 군대를 되돌리네/ 별이 뜬 달밤
(喪を秘して軍を返す星月夜)

기라(吉良) 님은/ 공격받았습니다/ 에도(江戶)는 눈 속
(吉良殿の討たれぬ江戶は雪の中)

울지도 않고/ 콕, 찌르는 모기네/ 다바루자카(田原坂)
(鳴きもせでぐさと刺す蚊や田原坂)

동풍이 분다/ 기다린다고 하면/ 바로 돌아오리다
(東風や吹く待つとし聞かば今帰り来ん)

죄도 기뻐라/ 두 사람에게 걸린/ 으스름달아
(罪もうれし二人にかゝる朧月)

해골을/ 두드려 보는/ 제비꽃인가
(骸骨を叩いて見たる菫かな)

앞의 세 편은 일본의 역사가 그 소재다. 첫째 구는 임진왜란을 일으킨, 우리에게도 익숙한 이름 도요토미 히데요시(豊臣秀吉, 1537-1598)가 오다 노부나가(織田信長, 1534-1582)의 죽음을 숨기고 주고쿠(中國) 정벌의 군을 되돌리는 정경을 상상해서 만든 것이다. 둘째 구는 에도 시대 중기에 발생한 아코 사건(赤穂事件)의 중심인물의 한 사람인 기라 요시히사(吉良 義央, 1641-1703)를, 셋째 구는 1877년(메이지 10년) 1월 29일부터 9월 24일에 걸쳐, 현재의 구마모토현(熊本県)·미야자키현(宮崎県)·오이타현(大分県)·가고시마현(鹿児島県)에서 사이고 다카모리(西郷隆盛)를 맹주로 일어난 사족(士族)에 의한 무력 반란인 서남전쟁을 각각 작품의 소재로 삼고 있다. 넷째 구는 현재까지도 이별가의 명문장으로 전해지는 일본의 유명한 가인이었던 아리와라노 유키히라(在原行平, 818-893)의 와카(和歌)를 인용하여 만들었다. 다섯째 구와 마지막 구는 셰익스피어의 『로미오와 줄리엣』 그리고 『햄릿』에서 각각 얻었다.

이처럼 소세키의 하이쿠는 작품의 바탕에 일본의 역사와 시가, 그리고 외국 문학이 상상의 날개를 펼치며 새로운 매력을 던져주고 있다.

### 4) 마무리 글

 우리에게 잘 알려진 세계적 작가인 소세키. 그의 문학적 출발은 하이쿠 시인이었다. 소설가가 아니었다. 그것도 그가 남긴 2,600수에 가까운 많은 작품을 접해보면 그 열정에 놀라지 않을 수 없다.

 작품의 질에서도 참신하고 기상천외한 발상, 그리고 시에 숨 쉬고 있는 빼어난 유머 감각과 골계(滑稽)는 아무나 흉내 내기 어려운, 소세키 하이쿠만의 매력이고 특징이다. 또한, 한어(漢語) 사용, 속어 사용, 진기한 표현 등을 구사한 독자적인 창작 기법에 더하여, 일본 역사와 고전, 외국 문학과 접목하여 펼쳐낸 상상의 날개는 독자를 감동으로 이끌어가기에 충분했다.

 무엇보다 이러한 소세키 하이쿠가 독특한 매력으로 완성하기까지 그의 친구였고 일본 근대문학에 큰 영향력을 끼친 마사오카 시키의 절대적인 영향을 받았다는 것도 흥미롭게 읽히는 대목이었다. 이러한 사실들을 바탕으로 한국인이 소세키의 하이쿠를 읽어간다면, 분명, 그만의 독특한 매력에 사로잡히게 될 것이다.

## 참고문헌

(히라가나 순)

井上泰至,『夏目漱石の百句』, ふらんす堂, 2024.

坪内稔典 編,『漱石俳句集』, 岩波文庫, 2023(第28刷, 第1刷 1990).

夏目漱石,『漱石全集』(第12卷), 岩波書店, 1967.

『日本の詩歌』(30 俳句集), 中央公論社, 1970.

水原秋櫻子 編,『俳句鑑賞辭典』, 東京堂出版, 1984.

三好行雄 編,『夏目漱石事典』, 學燈社, 1992.

山下一海 外 注釋,『近代俳句集』(日本近代文學大系56), 角川書店, 1974.